법륜 스님과
함께 읽는 불교
3

실천적 불교사상

실천적 불교사상

초판 1쇄 발행 1988년 4월 27일
개정판 1쇄 발행 1996년 6월 10일
개정판 2쇄 발행 2025년 12월 17일

지은이   법륜

펴낸이   김정숙
기획 및 편집   이상옥 정연서 이영희 이현주

펴낸곳   정토출판
등록   1996년 5월 17일 (제22-1008호)
주소   서울특별시 서초구 효령로51길 42(서초동)
전화   02-587-8991
팩스   02-6442-8993
이메일   jungtobook@gmail.com

ISBN   979-11-87297-94-9 (03220)

법륜 스님과
함께 읽는 불교
3

실천적 불교사상

법륜 지음

정토출판

차례

'지금, 여기'에서 만나는 깨달음의 실천

이 책《실천적 불교사상》이 처음 세상에 나온 것은 1988년이었습니다. 당시 사회의 혼란과 모순 속에서, 불교의 지혜를 관념에 머무르게 하지 않고 우리 삶의 구체적인 문제 해결과 사회의 변화를 이끌어내는 '실천의 동력'으로 삼고자 했던 저의 고민과 노력이 이 책에 담겨 있습니다.

이후 1996년 개정판을 거쳐, 이 책이 수많은 독자님들의 손을 거치며 각자의 삶 속에서 작게나마 등불이 될 수 있었음에 깊이 감사드립니다.

그러나 시간이 흐를수록 세상은 더욱 빠르게 변화하고 있습니다. 정보의 홍수 속에서 마음은 갈 곳을 잃고, 복잡다단한 인간관계와 미래에 대한 불안은 우리를 더욱 괴롭게 합니다. 30여 년이 흐른 지금도 사람들이 겪는 고통의 본질은 크게 달라지지 않았지만, 그 고통이 발생하는 환경과 방식은 훨씬 더 정교하고 미묘해졌습니다.

이에 이 책의 본문 편집을 더욱 현대적으로 다듬고 표지를 새롭게 단장하여 독자 여러분께 다시 선보이게 되었습니다. 책의 본래 가르침과 메시지는 변함없이 유지하되, 오늘날의 독자들이 활자 속의 지혜를 더욱 쉽고 편안하게 받아들여 '나의 문제'로 인식하고 '지금 바로 실천'할 수 있도록 돕고자 했습니다.

불교는 결코 현실의 삶과 멀리 떨어진 낡은 종교나 학문이 아닙니다. 이 책은 불교 사상이 곧 '나의 행복을 위한 실천 지침'이자, 더 나은 세상을 만들기 위한 '깨어있는 시민의 자세'임을 보여주고 있습니다. 괴로움의 원인을 밖에서 찾지 않고 내 마음의 작용에서 통찰하며, 현실의 고난을 피하지 않고 정면으로 마주하여 지혜롭게 극복해나가는 힘을 길러줄 것입니다.

새롭게 단장한 《실천적 불교사상》을 펼쳐든 모든 독자님께서, 이 책이 제시하는 실천적 지혜를 통해 스스로 괴로움에서 벗어나 더욱 자유로워지고, 나아가 이웃과 사회를 향해 자비의 손길을 내밀 수 있기를 간절히 발원합니다.

2025년 12월
법륜 합장

많은 사람들이 불교에 관심을 갖고 불교계의 주위를 서성거리지만, 그들에게 부처님의 가르침을 올바르게 전달하지 못하고 그들을 불교로부터 떠나 보낼 수밖에 없었을 때 불교인의 한 사람으로 늘 가슴이 아팠습니다.

특히 젊은이들이 뒤죽박죽된 현대사회의 가치관에 회의를 품고 방황하다가 불교에 접근해 왔을 때, 부처님의 가르침으로 올바른 삶을 살아가도록 인도해 주지 못하여, 그들이 불교에 실망만을 안고 떠나 갈 때 부처님의 제자로서 부끄럽기 한이 없었습니다.

서점에 가면 많은 불교책이 있지만, 현대사회의 병폐를 치유하고 방황하는 젊은이들을 구원할 수 있는 올바른 삶의 가치를 제시한 책이 너무나 부족합니다. 그리고 불교에 관심 있는 분들에게 "불교의 근본사상이란 바로 이런 것이다" 하고 선뜻 권할 만한 책 한 권 찾기가 힘든 것이 현실입니다.

불교인이 마땅히 지녀야 할 가치관, 마땅히 지키지 않으면 안될 가치관을 잊고 살아갈 때 불교인이라고 말할 수 있는 바가 없어지는 것입니다. 오늘의 불교인들이 바로 지켜야 할 가치관을 상실하고 오히려 세상의 조류에 휩쓸리다 보니, 사회의 병폐를 치유하기는커녕 그 병폐가 불교계 깊숙이 스며들어 그 본연의 임무를 망각하고 흔들리고 있는 것입니다.

부처님께서 이 세상에 오신 근본 뜻은 무엇이며, 달마대사는 왜 수만 리 길을 지나 동쪽에 전법을 했으며, 청년 이차돈은 22세의 젊은 나이로 왜 죽음을 두려워하지 않고 불법을 믿었는가? 전법하지 않으면 안 되었던, 믿지 않으면 안 되었던 그 절대적인 당위성을 찾지 않으면 안 됩니다. 목숨을 걸고라도 지키지 않으면 안 되는, 믿음에 대한 확고한 신념을 가져야 합니다.

부처님은 왜 부귀영화가 보장된 왕궁을 버리고 출가를 했을까요?

출가의 의미를 모르고서는 불교를 안다고 할 수가 없습니다. 또 출가의 정신을 망각하고는 진정한 불교인이라 할 수 없습니다. 불교인은 출가를 통하여 새로 태어나기 때문입니다. 낡은 사상과 잘못된 가치관을 버리고 새출발을 해야 합니다.

우리 이제 다시 출가합시다.

그것은 잘못 배운 불교로부터 재출가하는 것이며 참다운 신앙을 회복하는 길입니다.

부처님이 이 땅에 오신 참뜻은 고통받는 중생을 구원하시기 위해서입니다. 그러기에 부처님의 가르침은 오늘날 이 땅에서 살아가는 중생의 고통을 해결해 줄 수 있어야 합니다. 고통받고 있는 삶은 현실이기에 그 해결도 현실 속에서 이루어져야 할 것입니다. 그러므로 중생구원은 말만으로 되어서는 안 되고 실천적인 행위여야 합니다.

불교가 이 땅에 1600년 간이나 우리 민족과 고락을 함께 해왔지만, 현재는 그 이름뿐, 이 시대의 고통받는 중생의 간절한 희원에 응답하지 못하고 있습니다. 그것은 불교가 살아있는 인간의 가슴 속에 심지 못하고 박제품이 되어 역사의 유물관에 전시되어 있기 때문입니다. 이미 우리가 접하고 있는 불교는 살아 움직이는 진리의 말씀이 되지 못하여, 민중의 고통을 해결해 주지 못하고 있습니다.

진정 부처님의 참다운 제자라면 이 부끄러운 현실을 솔직히 인정하고 일대 용단을 내려 부처님의 근본 가르침으로 돌아가야 합니다. 낡은 사상과 잘못된 가치관을 타파하고 살아 숨 쉬는 부처님의 말씀으로 새롭게 불교를 일으켜 세워야 합니다.

불교가 본래 실천적인데 또 무슨 수식어가 필요하겠습니까마는, 이런 이유에서 이 글의 표제를 「실천적 불교사상」이라고 붙였습니다. 또한 이 글은 진리를 추구하는 구도자에겐 불교의 근본사상이 신앙의 기초가 되어야 한다고 생각해서 〈신앙지침서〉란 부제를 붙였습니다.

이 책의 내용은 '종교란 무엇인가'로부터 출발해서 '불교의 근본 입장', '삼귀의 오계', '진실한 신앙생활' 순으로 기술했습니다. 삼귀의 오계를 중심으로 삼은 것은 그것이 실천적 불교사상의 핵심이기 때문입니다.

이 글은 현대사회 속에서 우리가 겪는 고뇌의 문제를 불교의 근본사상에 입각해서 조명한 것입니다. 교리상의 해설에 너무 얽매이지 않았습니다.

본래 책으로 낼 생각은 하지 못했는데 강의를 들은 대학생 불자들의 작은 호응이 있기에 그 강의안을 토대로 부족하나마 '한국대학생불교연합회'의 도움으로 입문서를 냈던 것입니다. 그런데 내용이 너무 부실하기에 개정판을 내야겠다고 생각하면서도 차일피일 미루다가 몇 분 신도님들의 요청과 후원, 그리고 '한국대학생불교연합회'의 후원에 힘입어, 문장을 손질하고 편집을 새로 해서 다시 내놓게 되었습니다.

훌륭한 분들에 의해서 더 좋은 지침서가 나올 때까지만이라도 도움이 될 수 있다면 큰 기쁨이겠습니다. 부처님의 제자 됨에 부끄러움이 없도록 더욱 정진할 것을 다짐합니다.

후원해 주신 분들께 진심으로 고마움을 전하며 이 법보시 공덕으로 꼭 성불하도록 부처님께 간절히 발원합니다.

"이 책을 함께 정진하다 먼저 간 민중불교운동의 선구자 고 노일현 법우님께 바칩니다."
나무불 나무법 나무승

1988년 3월
부처님의 제자 법륜 합장

종교란 무엇인가

일어나라 앉아라
잠을 자서 너희에게 무슨 이익이 있겠는가
화살에 맞아 고통받는 이에게
잠이 웬 말인가.
일어나라 앉아라
해방을 얻기 위해 일념으로 정진하라
그대들의 나태와 쾌락의 힘에 굴복한다면
'죽음의 왕'이 와서
그대들을 노예로 삼으리니.

《숫타니파아타》〈소품〉

인간은 왜 종교를 찾는가

오늘날 종교의 현실

이 책을 읽는 분들에게

이 세상에는 너무나 많은 책들이 쏟아져 나오고 있다. 하루에도 수백, 수천 권의 책들이 출판되고 있다. 그 책들의 대부분은 돈을 버는 법, 지식을 얻는 법, 사람들을 효과적으로 다루는 법, 쾌락을 즐기는 법 등 현실에 당장 필요한 것을 여러분에게 제공한다.

그런데 우리는 공부도 하고 일도 해야 하며 휴식도 취해야 한다. 너나없이 매일 바쁜 일들로 숨 가쁘게 살아가는 현대인들에게 책을 읽을 여가란 참으로 귀중한 것이다. 그래서 책을 읽는다 해도 대개는 흥미 위주로 기분을 전환할 수 있는 책이나, 혹은 현실의 이익과 관련되는 책을 붙잡기 십상인 것이다. 그런데 여러분은 그 많은 책들 가운데서 이 책을 선택했다.

무엇 때문인가? 여러분 중에는 세상 사람들이 흔히 갖는 종교에 대한 호기심 내지 관심으로 가게에서 물건 고르듯 한 권의 불교책을 골라 읽어보려는 생각이 있었는지도 모르겠다. 그렇다면 왜 사람들은 절이나 교회와 같은 곳에 다니면서 종교생활을 하려는 것일까?

힘들게 노동해서 벌어들인 재화를 무슨 이유로 절이나 교회에 시주할 수 있는 것일까? 사실 우리 사회에서 보는 종교인 가운데는 땀흘려 노동하지 않으면서도 신도들이 바치는 재화를 유용하기도 하고, 물질적으로 편안한 생활을 하고 있는 경우도 있다. 게다가 사회적인 명예를 누리기도 하는 경우가 종종 있지 않은가? 그런데 신자들은 무엇 때문에, 무엇을 얻기 위해 자신의 재물도 마음까지도 아낌없이 바칠 수 있는 것일까?

재물을 얻으려면 직접 노동을 하거나 사업을 하면 될 일이고, 지식을 얻고자 하면 스스로 공부를 하면 될 것이고, 사람들과의 교제가 필요하면 친목단체를 찾는 것이 더 효과적인 일이 아닌가? 만일 부처님이나 신에게 재물과 마음을 바치는 대가로 자신이 현실에서 얻고자 하는 이런저런 욕망을 더 빨리, 더 쉽게 이루고자 절이나 교회에 나간다면 그것은 투기나 도박과 다를 바 없을 것이다. 인류사에서 성인으로 추앙받는 부처님이나 예수님이 그러한 투기꾼이나 도박꾼을 좋아하실 리 만무한 일이다.

오늘날 종교의 타락상을 보면

우리가 비난하는 종교인들이란 누구인가? 도시의 곳곳에 솟은 거대한 교회의 빌딩 숲, 고급스런 융단이 깔린 신부방이나 고급 승용차, 산속 깊이 공기 좋고 경치 좋은 곳에서 호젓이 즐기는 스님들, 거대한 위용을 자랑하듯 들어서는 사찰들, 황금빛이 찬란한 불상 등에서 보여지듯 상류 생활을 누리고 있는 종교인들이 있다.

매일 드리는 예배 때마다 예수의 고난을 이야기하고, 가난한 자에게 복이 있다고 말하는 사람들, 천당의 복은 영원한 것이기에 모든 재산을 하느님의 성전인 교회에 바치라고 설교하고 있다. 하지만 그렇게 바쳐진 재물을 누가 사용하고 있는가? 물론 헌금 중의 몇 %는 요란스럽게 선전되는 봉사활동에 쓰일지도 모른다. 그러나 봉사활동 자체에 쓰이는 돈보다는 정보 전달을 통한 선전에 더 많은 돈이 소요되는 것이 겉으로 드러나지 않는 속사정이다.

왜 그들 자신은 예수의 고난을 따르지 않으며, 청빈한 삶을 실천함으로써 복받을 일을 하지 않을까? 오늘날 공공건물을 무색하게 하는 수백억 대의 교회가 생겨나고, 카페 숫자보다 더 많은 교회왕국으로 불리기까지 얼마나 많은 사람들의 재화가 바쳐졌을지를 생각해 보라. 결코 예수님은 그러한 과시와 호화스런 사치를 위해 가난한 이들과 더불어 고난의 가시밭길을 걸어가신 것이 아니었다.

가정과 세속의 온갖 명리와 부귀를 버리고 출가했다는 스님들의 경우도 마찬가지다. 집착이 없어야 고통이 사라진다고 가르치는 그들이 도리어 재물과 명예에 대한 집착으로 시비가 끊이지 않고 있다. 문중 의식은 세속의 족벌보다 심하다고까지 할 수준이고, 재물이 많은 절을 차지하기 위한 그들의 권모술수는 세속의 정치판을 능가한다.

유능한 승려로서 인정되는 기준이 절을 크게 짓고, 불상에 금빛을 얼마나 찬란하게 입힐 수 있는가로 판단하는 실정이라면 이는 결코 진정한 출가이며 무소유라 할 수 없을 것이다. 진정 버려야 할 탐욕은 가득하고, 고통받는 중생들에 대해 가져야 할 자비심은 간 데 없으니 고행하신 부처님이 눈물을 흘리실 일이다.

아직도 유해한 산업환경 속에서 고통받는 노동자와 농민들이 생활고에 시달리며, 집 없는 설움에 항상 쫓겨 다녀야 하는 도시 철거민들의 삶은 여전하다. 의지할 곳이 없어 거리를 헤매는 노인과 어린이들이 존재하는 현실 속에서 교회와 사찰만이 휘황찬란한 천국과 극락에서 노닌다면, 이 땅에 진정 종교가 있어야 할 당위란 어디에서 찾을 수 있단 말인가?

이대로라면 예수의 고난이나 부처님의 깨달음이란 그저 후대의 추종자들이 그분들을 팔아 세속적 이익을 누리도록 보장해 준 것에 불과해 보일 수도 있다. 이것이 종교에 무관심한 사람들의 뿌리 깊은 불신이기도 하다.

이 세상에 종교가 있어야 하는 이유

오늘날 종교의 모습은 그동안 신앙생활을 해온 사람마저 자신의 종교를 떠나게 하는 실정이다. 그런데 무엇 때문에 여러분은 종교를 가지고자 하는가? 이 세상에 던져진 이래 지금까지 남이 하는 대로 따라온 삶이 얼마나 종속적이었는지를 돌아보라. 거기에 종교까지 남들이 하니까 나도 보태려는 식이라면 여기서 그만두는 것이 낫다고 생각한다.

현실의 삶 속에서 종교의 해독이 얼마나 큰 것인지는 중세의 역사를 통해서 극명하게 드러날 뿐더러 그것은 현재까지 진행 중이다. 세속의 권력을 휘두르던 종교 정치의 암흑시대, 성전(聖戰)을 빙자해 일으킨 십자군 전쟁, 서구 역사의 매 시기마다 역사의 진보에 제동을 걸던 보수교회 세력들, 그리고 오늘날 종교가 다르다는 이유로 일어나는 각종 지역 분쟁, 그로 인해 수천 수만의 무고한 어린이와 노인, 부녀자들이 죽어가고 있다. 몇 년 전의 레바논 사태란 기독교와 회교 간의 갈등이 수많은 양민을 학살하는 사태로 번져간 것이고, 중동 분쟁의 배경에도 역시 종교적인 대립이 도사리고 있다.

이처럼 무서운 해독을 일으킬 수도 있는 종교를 아무런 생각도 없이 그저 선택하려 한다면, 하나밖에 없는 고귀한 생명과 귀중한 시간을 헛되이 소비하려는 것과 다를 바 없는 일이다.

히틀러의 나치 치하에서 독일인의 대다수가 기독교인이고, 일본 군국주의 당시에 일본인의 대다수가 불교인이었다 한들 그러한 종교가 무슨 의미가 있겠는가? 축구시합하는 경기장에까지 한쪽을 편들며 간섭하는 것이 하느님으로 인식되고 있고, 전쟁에 있어 더 많은 양민을 죽이는 쪽이 신의 은총을 입는 것이라 생각되고 있는 것이다.

그뿐이 아니다. 시선을 개인의 생활로 돌려보자. 더 많은 이익을 얻기 위해 투기하는 기복신앙, 오래 살기 위하여 참선하는 장수불교, 산 좋고 물 좋은 데서 깨끗한 음식을 먹으며 하루를 휴식하는 여가불교, 글자 풀이를 하고 명예를 얻는 학문불교, 고행을 보이고 존경과 명성을 얻는 고행주의, 작은 초능력으로 혹세무민하는 무당불교, 혼자 산수 좋은 데서 차나 마시며 유유자적하는 신흥 귀족불교 등 이러한 모습이 종교라면 이 세상에 종교가 있어야 할 당위는 과연 무엇일까?

이는 특정 종교를 비난하고자 하는 말이 아니다. 종교를 선택하는 여러분 스스로가 신앙을 갖지 않으면 안 될 필연성을 올바로 가지라고 말하고 싶을 뿐이다. 우선 여러분은 성인들의 삶을 진실로 새겨 볼 필요가 있을 것이다.

바라문교의 성전을 비롯한 모든 학문을 통달하시고 왕위를 눈앞에 둔 상태에서 부처님은 왜 길거리에서 걸식하는 초라한 수행승에게서 배움을 얻어 출가를 결심하셨으며, 또 하느님의 아들이라면 마땅히 예루살렘의 대성전에서 율법학자들과 어울려야 할 예수님이 왜 광야로 쫓겨나 메뚜기와 석청을 먹으며 홀로 외롭게 외치는 요한에게서 세례를 받아야 했는지, 그 참다운 의미를 이해하지 않으면 안 된다.

종교를 찾는 진짜 이유들

종교의 많은 해악에도 불구하고 많은 사람이 종교를 갖고 있으며, 또한 그 신앙의 종류와 형태도 종교를 갖고 있는 사람의 숫자만큼이나 다양하다. 뿐만 아니다. 특정한 종교일지라도 그 종교에 대해 갖고 있는 개개인의 신앙관은 저마다 다른 법이다. 이는 개인의 생활환경이나 삶의 자세, 사회적 관계 등에 따라 각자의 상황에 맞게 종교관이 형성되기 때문이라 하겠다.

마찬가지로 종교에 입문하는 동기 또한 가지각색이다. 종교의 종류와 신앙관, 종교에 귀의하는 동기 등이 매우 다양하지만 종교에 귀의하는 사람들 대부분은 그 심리의 근저에 공통적인 이유가 있다. 그것은 과연 무엇일까?

우리는 고통 속에 살고 있다

우리는 살아가면서 무수히 많은 갈등과 장애를 만나기도 하고 갈등을 겪기도 한다. 일상적인 삶 속에선 그다지 고통스러운 느낌이 다가오지 않을 수도 있다. 하지만 우리는 끊임없이 선택과 갈등의 기로에서 방황하고 있고, 또는 경제적인 빈곤과 사회적인 차별로 인해 깊은 마음의 상처를 안고 살아가기도 한다.

반복적인 일상생활 속에서는 자신의 생활에 커다란 문제가 있다는 생각을 실감하기 어렵다. 자신의 주위를 두리번거리며 남보다 앞서가려는 생각만 가득할 뿐, 자신의 생활이 크게 고통스럽다고 느끼지 못하는 우리들이다. 그저 '모든 것이 다 잘되겠지' 하는 안이한 생각에 늘상 젖어 있으며, 신문이나 TV에 연일 오르내리는 다른 사람들의 크고 작은 재앙이 자신과는 무관한 것처럼 여기고들 있다.

우리들의 삶이 늘 이처럼 순탄하기만 하면 아무런 문제도 없을 것이고 나아가 종교란 것도 별다른 의미가 없어질 것이다. 그러나 인생에 불어닥치는 재앙은 아무런 예보 없이 삶의 터전을 휩쓰는 태풍이나 해일과도 같이 어느 날 그렇게 다가오는 것이기에 그 고통이 더욱 큰 것이다.

일상적인 삶에 갑자기 불어닥친 재앙은 자신의 평범하고 행복하기만 했던 삶의 보금자리를 하루아침에 무너뜨리기도 하는 것이다. 불의의 사고로 축구선수의 발목이 부러진다거나, 야구선수가 팔을 못쓰게 되는 경우, 또는 배우 지망생이 얼굴에 화상을 입게 되는 경우와 같이 자신의 꿈과 희망이 무너질 때 누구나 절망의 숲에서 길을 잃어버린 채 방황한다.

또는 부모님이 갑자기 돌아가신다든지, 사업의 부도로 가정이 파산되어 그동안 유지해 온 생활환경이 급격히 변할 때, 의지하던 사람이나 재물이 사라질 때도 마찬가지로 쉽게 절망에 빠져들게 된다.

뿐만 아니다. 요즘 모두가 기피하는 3D노동(영어의 머리글자를 따서 힘들고, 위험하며, 더러운 일에 종사하는 노동을 뜻함)에 종사하며 유해한 근로조건과 저임금에 시달리는 노동자들의 삶과,

봇물처럼 밀어닥치는 수입농산물과의 싸움과 한 해의 생산비에
도 못미치는 저농산물 가격으로 검게 그을은 얼굴의 그림자가 더
욱 어두워지기만 하는 농민들의 삶은, 산다는 것 자체가 참으로
고통이 아닐 수 없다.

이는 반대로 경제적으로 풍족하고 권세가 등등한 사람들의 경
우도 마찬가지다. 그들은 그들대로 그 재물과 권세를 잃을까봐 늘
전전긍긍하며 불안한 마음으로 살아가고 있다. 사람이면 그 신분
이나 지위 고하에 관계없이 누구나 반드시 받지 않을 수 없는 숙
명적인 괴로움이 따라다닌다.

즉 늙어서 육신의 거동이 불편해지면 괄시받고 천대받으며, 병
이 들어 육체를 누르는 고통으로 신음하는가 하면 언제 올지 모
르는 죽음의 고통에 떨기도 한다(老病死). 사랑하는 사람과 헤어
지고(愛別離苦), 싫어하는 사람과 만나기도 하며(怨憎會苦), 얻고
자 하는 것을 얻지 못하는 괴로움(求不得苦) 속에서 우리는 고통
스러워한다.

우리는 매일매일의 삶을 이러한 고통 속에서 살아가고 있다. 그
리하여 그러한 고통으로부터 벗어날 수 있는 무엇인가를 추구하
게 되는 것이다.

만일 시한부 인생이라면

살아간다는 것은 곧 죽어간다는 뜻이기도 하다.

하지만 우리는 이 죽음의 길목을 돌아가고 있으면서도 대개는

죽음을 망각하고 살아간다. 불치의 암으로 6개월 시한부 삶을 진단 받은 환자의 삶만이 시한부 인생이 아니라, 사실은 우리들 모두가 시한부 인생을 살고 있는 것이다.

또한 자신의 목표가 좌절되거나 옳다고 믿고 있는 신념이나 가치관이 무너질 때 그 또한 죽음과도 같은 크나큰 절망감을 안겨 주기도 한다. 죽음을 눈앞에 두면 인간은 형용할 수 없는 두려움에 몸을 떨기도 하지만 한편 가장 순수해지기도 한다. 누구 할 것 없이 죽음이 임박하면 재산, 명예, 권력 등의 모든 것이 다 허망해 보이고, 인생의 마무리를 의미 있게 할 수 있는 참된 인생의 길을 찾게 되는 것이다.

그래서 시한부 생명이라는 선고를 받고 나면 대개의 사람들은 그동안 매달리던 일들, 사업이나 다니던 학교, 사람들과의 관계마저도 정리해 버리는 것이 보통이다. 왜 정신없이 하던 일들이나 관계를 정리하고 중단하는 것일까? 그것이 참으로 의미 있는 일이라면 숨이 끊어지는 순간까지 하던 일을 계속한다. 얼마 있으면 이 세상을 떠나야 된다고 할 때 사람은 비로소 무엇이 가장 소중하며 보람 있는 일인가를 되돌아보게 된다고나 할까?

인생이란 어차피 시한부인 것이며 죽음이란 누구에게나 항상 삶의 수레바퀴를 이루는 또 다른 한 축인 것을 알아야 한다. 그러므로 죽음은 먼 곳에 있다가 어느날 갑자기 튀어나오는 것이라기보다 항상 우리 주변에 함께하고 있는 것이다. 삶과 죽음은 동전의 양면처럼 함께하고 있다. 이러한 본질의 관점에서 보면 죽음 그 자체는 고통이 아니다. 도리어 우리가 삶의 진실을 망각하고 허상을 쫓고 있을 때 죽음이야말로 삶의 진실을 일깨우는 냉엄한 채찍인 것을 알 수 있다.

회의, 방황의 세월

사람들은 대개 자신이 직접 겪은 좌절과 현실적인 고통을 통해 그때까지의 자신의 삶을 돌아보게 된다. 좌절과 고통을 절절히 겪어보지 않은 이는 재물이나 권력과 같은 세속적인 욕망이 얼마나 허무한 것인지를 가슴 깊이 체득하기 어렵다. 그래서 죽음을 맞이하는 말년에야 자신의 잘못을 뉘우치는지도 모른다.

그러나 현명한 사람은 꼭 그러한 뼈아픈 체험을 하지 않고도 욕망의 충족을 위한 길이 인생의 올바른 목적이 아님을 일찍 깨닫고 새로운 길을 찾아 나서는 법이다.

삶의 과정에 있어서 직감력이 왕성하고 진리의 탐구에 불타는 구도적인 젊은이들의 경우, 삶에 대한 회의와 방황으로 고뇌할 때 그 계기가 조금은 다르다 하겠다. 사랑하는 가족의 갑작스런 죽음에서 생의 허망함을 느끼기도 하고, 올바른 삶의 의미를 추구하게 되기도 한다. 또한 무한한 우주를 바라보며 광대한 우주의 법칙을 찾고자 하기도 하며, 고통받는 대중의 삶의 현장을 마주하며 받은 충격으로 그때까지의 개인주의적 가치관에 일대 혼란을 겪기도 하는 것이다.

출세 제일주의의 삶, 욕망 충족의 삶이 피라미드와 같은 사회구조 속에서 다른 사람들의 무수한 고통을 수반하고 있음을 보게 되고, 타인의 희생을 볼모로 얻어낸 성과란 것도 죽음 앞에서는 한갓 물거품에 불과함을 보게 되면 삶의 진정한 목적이 무엇인가에 대한 의문을 새삼스레 느끼게 되는 것이다.

인생의 올바른 길이란 과연 무엇일까? 무엇이 우리를 이토록 고통스럽게 하며 초라해지게 하는 것일까? 이에 대한 답변은 일반적인 제도 교육이나 사회 속에서는 제대로 찾아내기 어려운 일이다. 여러분은 자신의 정답을 새긴 인생의 카드를 갖고 있는가를 묻고 싶다.

많은 사람들은 그렇지 못한 것이 현실이다. 그래서 대개는 이로부터 삶에 대한 회의와 방황을 거듭하게 되는 것이다. 이러한 괴로움이 계속되면 누구나 그 해결의 열쇠를 간절히 구하려고 한다.

종교에의 귀의로

삶의 목적이 좌절될 때, 반석 같던 신념이 무너질 때, 혹은 정신적·육체적으로 고통이 극에 달할 때, 안주해 오던 기존의 삶 속에서 허구를 보았을 때, 우리는 누구나 삶의 진정한 의미에 대해 다시금 돌아보게 된다.

'성공이란 무엇인가?'

'무엇이 옳고 무엇이 그른 것인가?'

'선이란 무엇이고 악이란 무엇인가?'

'인간이란 무엇이며 나는 누구인가?'

어떻게 지금까지 이러한 문제들에 대해 한번도 생각해 보지 않았는지 의심스러울 만큼 자신에 대한 회의가 몰아쳐 온다. 따라서 무엇이 과연 올바른 삶의 길이며, 자신의 고통을 해결해 주는 길인지를 갈구하는 것이다. 이리하여 사람들은 현실의 삶 속에서 부딪친 이런저런 고난과 갈등을 해결하고자 길을 찾는 도정에서 마침내 종교에 안착하고 귀의한다.

괴로움을 해결하는 여러 가지 유형

현실을 외면하는 도피주의

기존의 삶에 대한 집착이 강렬했던 사람일수록 어떤 계기를 맞아 엄습해온 생에 대한 회의는 거의 절망적이라 할 수 있다. 회의는 또 다른 의심을 낳고 마치 끊임없이 빠져 들어가는 늪지대처럼 삶의 의미를 찾지 못한 채 무기력과 좌절의 늪에서 헤어나지 못하는 경우가 많다. 이러한 경우 지나치게 패배주의적인 생각에서 타인에 대해 높은 담을 쌓아 더 이상 정상적으로 사회생활을 할 수 없게 되기도 한다.

그리하여 결국에는 삶의 의미를 상실한 채 비관론에 빠져 세상을 등지게 되는 것이다. 거대한 철근 콘크리트 숲이 상징하듯 철옹성과 같이 조직화된 현대사회의 구조에 떠밀리며 무기력하게 살아가는 현대인의 내면 속에는 누구에게나 이러한 모습이 숨겨져 있을지 모른다. 뚜렷한 삶의 목적도 없이 그저 기계의 부속품처럼 하루하루 고정된 자기 역할에 매여 종속적으로 살아가는 현대사회의 소외된 인간 모습이 또한 그렇다.

이와는 다르게 인간의 삶이란 것 자체가 본래 부정(不淨)한 것이라서 인생은 허무하며, 모든 가치 또한 아무런 의미가 없고, 죽으면 재물도 그저 휴지 조각에 불과한 것이라 여기는 경우가 있다.

그래서 허겁지겁 살아가는 세상의 사람들을 냉소적으로 비웃으며 비관적 인생의 또 다른 우물을 깊이 파고들어 간다. 이러한 경우는 기존의 모든 가치를 부정하면서 그 어떤 도덕이나 윤리에도 구애됨이 없이 온 세상을 조소하며 살아가는 사람들이다. 이는 기존의 가치가 갖는 허구성은 통찰했지만 올바른 삶을 향도하는 새로운 가치를 찾지 못한 채 자기 관념에 빠져있을 때 나타나는 것이라 볼 수 있다.

또 다른 면에서는 현실의 오탁악세(汚濁惡世)를 벗어나 오직 자신의 구원을 위하여 현실을 등지고 개인적인 수행에만 전념하는 경우도 있다. 이 경우는 대부분 유유자적하는 자기만족적 삶에 빠지기 쉽다.

그러나 개인적으로라도 우주와 생명에 대한 강렬한 의문을 갖고 치열한 수행을 거듭하면 나름대로 높은 수준의 종교적·철학적 경지에 이르기도 한다.

하지만 진정한 깨달음의 실현이란 구체적인 현실 속에서 재정립되어야 하는 것이기에 다시금 사회로 돌아오는 것이 매우 중요한 일이다. 결국 현실 사회에 대한 전면적인 이해와 함께 대중에 대한 한없는 애정을 갖고, 현실을 영원히 떠나는 것이 아니라 반드시 다시 현실로 돌아오기 위한 수행일 때만이 진정 의미 있는 일이라 할 만하다. 그러나 문제는 대개의 경우 현실에 대해 무지하고 별다른 애정을 갖지 못하는 탓에 현실을 외면하고 자기만의 세계로 도피하는 경향이 많다는 사실이다.

이러한 세 가지 경우는 겉으로 드러나는 삶의 양상은 다를지라도 그 본바탕은 동일하다 하겠다. 하나같이 구체적인 인간 현실 속에서 비롯되는 문제와 그 해결책을 외면한 채 자신만이 현실로부터 도피해 버리는 생활에 안주하고 마는 것이다.

주술과 미신을 찾는 신비주의

우리는 흔히 재앙을 당했을 때 그동안의 삶의 방향을 되돌아보기보다는 당장 그 재앙으로부터 벗어나 그 이전의 상태로 돌아갈 수 있기만을 바란다. 그래서 그러한 바람을 충족시키기 위하여 종교를 찾는 사례가 많은 것이다. 이는 주로 재물이나 권력을 잃을까 연연하거나, 지금보다 더 나은 생활을 추구하고자 하는 욕구로 들뜨거나, 또는 치열한 경쟁에서 이겨보려는 마음이 간절할 때 흔히 나타나는 모습들이다.

그래서 사람들은 성실하고도 꾸준한 노력에 의지하기보다는 신비한 주술의 힘이나 무당, 사주나 관상쟁이의 말에 더 솔깃하게 되는 것이다. 또 이런 욕구를 채우기 위해 절이나 교회를 찾기도 한다. 이런 동기로 종교를 찾는 사람들은 대개 점쟁이나 무당의 족집게식 이야기, 승려나 목사가 보여주는 작은 초능력과 같은 기적들에 매료되어, 갈수록 신비주의의 수렁으로 빠져 들어가는 것이다.

더구나 탐욕에 눈이 먼 이들은 일확천금의 횡재를 꿈꾸며 주술을 철석같이 믿고 매사에 주술을 끌어들여 그것이 인생의 행복을 실어 나르는 자동차의 연료라고까지 생각하는 것이다.

사실 가장 현실적인 괴로움으로 인해 종교를 선택한 사람들이 가장 비현실적인 미신이나 주술에 도취되어 그것을 해결책이라 믿어버린다는 것은 크나큰 모순이 아닐 수 없다. 하지만 이러한 신비적 종교의 양태가 오늘날 첨단 문명을 구가하는 우리 사회의 현실 속에서 가장 보편적으로 만연된 현상인 것 또한 숨길 수 없는 사실이다. 또 이러한 주술적 종교관이 오랜 세월을 거치면서 일반 대중 속에 깊게 뿌리내린 종교관이기도 하다.

이러한 종교의 양태가 신흥종교, 사이비종교니 해서 간혹 물의를 빚는 대형 사건으로 신문지상을 장식하는 것은 빙산의 일각이라 생각해야 할 것이다. 이는 성실하게 노력하는 사람보다는 오히려 요행과 술수, 한탕주의식 투기로 득세하는 사람들이 버젓이 활개를 치는 사회구조의 영향이 크게 작용하고 있음을 무시할 수 없다고 본다. 즉 주술이나 미신의 본 바탕이 투기적 인생관이므로 시류를 타는 처세술, '재수가 좋으면' 하는 투기와 황금만능주의가 이 사회를 지배하게 될 때 갈수록 주술과 미신은 기승을 부릴 수밖에 없는 일이다.

절대자에게 의지하는 고등종교의 실상

현재 자신이 겪고 있는 고통이 자신의 힘으로는 도저히 해결할 수 없다고 생각될 때, 사람들은 그 문제를 해결해 줄 수 있는 절대적 존재 곧 전지전능한 신(神)에게 기대어 자신의 문제를 해결해 주기를 기원해 왔다. 물론 지구상에서 가장 영리한 존재인 인간은 자신의 지적 관념을 고도로 추상화하여 절대적 존재, 신을 창조해 냈다고 볼 수 있다.

하지만 마치 절대자가 있는 것으로 믿게 되면 자신이 안고 있는 현실의 고통들이 타인과의 관계 속에서 형성된 것이 아니라, 신의 의지와 섭리로 만들어진 것이라고 믿어버린다. 현실의 바탕을 떠나 믿음의 힘이 세운 관념의 성을 쌓는다고나 할까? 어쨌든 이 경우 현실의 고통을 해결하기 위해서 전지전능하신 신에게 절대적으로 의지하고 기도에 몰입하는 것이다.

이런 가운데 신에게 기도하여 자신의 소원이 이루어지기라도 하면 이제, 인간은 더욱 그 절대자의 위력에 감복하여 점점 더 의지하고 복종하게 되는 것이다. 그것이 자신의 힘으로 성취한 일인데도 불구하고 말이다.

처음에는 자신의 힘으로 도저히 불가능한 일에 대해서만 절대
자를 찾았지만 시간이 경과하면 점차로 자신이 할 수 있는 일까
지, 나아가 모든 것을 신의 뜻에 의한 것이라고 생각하고 신의 뜻
과 의지에 자신의 전 인생을 내맡기는 것이다. 현생의 고통도, 사
회제도의 모순도 모두 신의 섭리인 까닭에 인간 자신의 노력으로
변화될 수 있는 것이 아니라 오직 신의 뜻에 따라 변화될 수 있는
것이라 여긴다.

이리하여 인간은 자신이 만든 허상인 신에게 무릎을 꿇는다. 절
대자인 신의 충성스런 종이 되는 삶이 일부 고등종교의 이면인
것이다.

사실 인간이 절대자에게 의지하는 속성은 그 본질상 주술에 의
지하는 마음과 다를 바 없다고 봐야 한다. 이 양자는 하나같이 인
간을 관념의 노예로 만들어 버린다는 점에서 동일하다 하겠다. 차
이가 있다면 주술 등은 사회적으로 미신으로 불린다는 것이고, 절
대자에 의지하는 종교는 소위 '고등종교'로 불린다는 것뿐이다.

그런 만큼 고등종교들은 사회적으로 미치는 영향력 또한 매우
크다. 무당이 모시는 소위 '귀신'은 제 분수에 맞는 능력만을 행사
한다고 하지만, 절대자는 말 그대로 전지전능한 힘을 갖고 있으므
로 '생명의 창조'는 물론이고 '우주의 섭리' 또한 만들었다고 주장
하는 까닭이다.

하지만 아무리 근대적 고등종교라는 화려한 포장을 둘렀다 하
더라도 이러한 유형의 종교가 번창하는 것은 인간이 스스로 만든

사회구조의 모순에 대한 무지와 공포로부터 비롯되는 것이다. 비단 종교만이 아니라 인간은 오늘날 자신이 만든 거대한 사회구조가 빚어내는 무수한 모순들로 고통을 겪고 있다.

대부분의 사람들은 자신의 고통이 사회제도의 모순에서 비롯되고 있다는 사실을 전혀 알지 못하거나, 혹은 그다지 중요시하지 않는다. 도리어 대개는 고통의 현실을 아주 쉽게 운명이나 숙명으로 받아들이고 있다.

따라서 여러분이 주목할 점은, 절대자에 의지하는 종교란 결코 문제를 해결하는 것이 아니라 오히려 문제를 크게 왜곡시키기 쉽다는 사실이다. 왜냐하면 인간의 운명을 숙명적인 신의 뜻으로 받아들이도록 하거나, 현실에 순응하도록 하며, 삶의 제 고통이 사회구조의 모순에서 유래한다는 사실을 은폐하는 데 매우 중요한 역할을 담당하고 있는 까닭이다.

고통을 근본적으로 치유하는 길

우리가 겪는 고통은 그 어떤 것도 저절로 생겨나거나, 신의 뜻에 의해 일어나는 것은 없다. 고통이란 그 고통이 일어날 수밖에 없는 어떤 원인에 의해 일어나는 것이고, 그 원인을 찾아 근본적으로 해결하는 것이 고통의 완전한 치유가 된다.

자연의 현상에 대해서는 자연의 법칙을 발견하고 그 법칙을 이용해서 해결해 가며, 사회의 모순은 그 모순을 발생시키는 근본구조를 개선함으로써 해결해 나가며, 인간의 의식에서 일어나는 번뇌는 그 근본인 마음을 다스림으로써 해결해 나가야 한다.

근본 원인을 찾아 해결하는 길은 현상적인 미봉책일 수 없다. 그것은 모순을 타인에게 전가하거나, 은폐함이 없이 뿌리째 타파해 버리는 것이다. 곧 내 집에 쌓인 쓰레기를 옆집으로 옮겨놓는 것은 근본적인 해결책이 아닌 것이다.

현실의 모든 고통은 우리가 매사를 전도된 시각으로 바라보는 데서 비롯되고 있다는 것을 인식하고, 따라서 올바른 지혜를 증득함으로써 현실을 있는 그대로 인식해야 한다. 이러한 바른 인식에 근거해서 문제들을 하나씩 풀어나간다. 개인의 가치관이 잘못되었을 때는 개인의 마음을 고쳐나가면 되고, 사회제도가 잘못되었을 때는 그 사회를 개혁해 나가는 길, 그것이 원인을 찾아 해결하는 원리이다.

종교를 통해 무엇을 얻는가

종교의 발생과 의의

고통의 면제나 욕망 충족의 수단으로

원시시대의 인간은 자연의 위협으로부터 오는 공포와 불안을 극복하기 위하여 일반적으로 자기 능력 밖의 불가사의한 힘에 의지하기 시작했다고 한다.

곧 인간보다 월등한 능력을 소유하고 있어 자신들이 겪는 어려움을 능히 해결해 줄 수 있는 신의 존재를 상정하기 시작했다.

그래서 강물이 범람하여 대홍수가 나거나, 타는 듯한 가뭄이 계속될 때는 신의 노여움이 인간에게 보복을 가하는 것이라 믿고, 희생의 제물을 바치는 의식 등을 통해 신의 노여움을 풀어 자신들의 소원을 성취하기를 빌었던 것이다.

구약에 등장하는 여호와 하느님을 보라. 그는 사랑의 신이라기보다는 오히려 증오와 보복의 신에 가깝다. 자신의 뜻을 거스른다해서 소돔과 고모라성을 유황불로 불태우고 노아의 홍수로 수많은 사람과 동물을 멸망시켰다. 그래서 구약의 전편에 걸쳐 사람들은 내내 제단을 쌓고 양의 피를 바치며 하느님께 용서를 비는 장면이 전개된다. 그러면 하느님은 노여움을 풀고 그들의 요구를 들어주시는 것이다.

우리나라의 옛 설화를 봐도 마찬가지다. 신이 노해서 재난이 닥치면 사람들은 신에게 제사를 지냄으로 해서 신의 노여움을 가라앉히고자 했다. 여기서 신의 노여움이란 것은 사실 대개가 자연현상에 의한 재해였다. 그래서 사람들은 홍수나 가뭄이나 해일, 전염병 등을 늘 신의 보복이라 여기며 두려워했던 것이다.

하지만 이는 자연에 대한 인간의 무지에서 비롯되었다. 현재는 이러한 사실을 모르는 사람이 없을 것이다. 단순한 자연현상이 인간의 생명을 위협하던 원시시대에 인간은 자연에 대해서 주체적일 수 없었다. 그러나 오늘날 자연과학의 발달로 자연현상의 여러 원인과 법칙을 알게 된 지금, 인간은 더 이상 자연에 대해 두려워할 필요가 없게 되었다.

따라서 원시적 신앙의 형태는 그 한계를 드러내고 현대 사람들은 이제 자연재해뿐 아니라, 병을 치료하거나 심지어는 아이를 갖기 위해서도 과학적인 방법을 선호하며 병원을 찾아가고 있다. 전쟁에 승리하기 위해서는 이제 옛날과 같이 하늘이나 신에게 제사

드리고 기도하기보다 더 많은 군대와 무기가 필수적임을 알고 있다. 풍작을 위해서도 하늘만 바라보는 것이 아니라 관개수로와 농약, 비료 및 품종개량 등에 더 많은 신경을 쓰고 있다.

그렇다고 원시적 신앙이 모두 사라진 것일까? 천만의 말씀이다. 자연과학의 발달에도 불구하고 무슨 조화 속인지 원시적인 신앙 형태는 날이 갈수록 다른 모습으로 분장하여 더욱 번창을 거듭하는 실정이다.

물론 이 또한 현대사회의 아이러니요, 모순의 표출일 것이다. 특히 이들의 신앙 형태는 극도로 이기적이고 배금주의적인 사회 조류 속에서 한탕주의적 사고에 젖은 사람들, 현대의학으로도 치료하기 어려운 불치병 환자들, 쉽게 욕망을 충족시켜 보려는 요행주의자들, 퇴폐적인 사고에 젖어 방탕한 생활에 빠진 사람들에게 비 온 뒤 독버섯 솟아나듯 순식간에 퍼져나가고 있다.

이는 원시인들이 자연에 대한 무지와 공포에서 물, 바람, 불 등을 외경시했듯, 스스로 만든 거대한 사회구조에 대한 무지와 공포로부터 '현대판 원시 신앙'이 득세하는 양상이라 하겠다. 이러한 신앙은 진실한 삶의 추구가 아니라, 현실적 욕망을 보다 쉽게 충족시키기 위한 수단으로 선택되는 것이 대부분이다.

진실한 삶을 이끄는 으뜸 가르침

종교라 하면 우리는 보통 신과 인간의 관계로 생각하기 쉽다. 즉 신의 존재가 인정되어야만 종교를 갖는 것이라 생각하는 선입견들을 많이 갖고 있다.

이는 잘못된 생각이다. 종교(宗敎)란 한자 풀이대로 '으뜸되는 가르침'이란 뜻이다. 즉 이 세상의 많은 가르침 중에서 올바른 삶의 방향을 제시해 주는 가르침이 종교이다. 신이 있고 없고의 문제는 종교의 본질이 아니다.

신을 상정하여 인간을 신의 피조물인 종의 위치로 규정짓고, 신이 인간 위에 군림하는 것을 종교의 본질로 보는 입장은 신에 의한 인간 창조를 주장하는 기독교적 내지 유신론적인 종교관들일 뿐이다.

진정한 종교는 올바른 가르침을 제시하는 것이고, 올바른 삶이란 결코 삶의 일부가 아니라 이 사회 속에서 살아가는 인생의 전부인 것이다. 종교적 가르침은 비단 종교라는 한 영역에만 한정되지 않고 삶의 근본에 대한 기본적인 자세와 방향, 그리고 삶의 궁극적 목표를 포괄하고 있다.

이런 까닭에 이 세상에 무종교인이란 있을 수 없는 것이다. 다만 밖으로 드러난 종교의 명칭 중에서 특정한 어느 하나를 선택하고 있지 않을 뿐, 저마다의 삶의 관점은 세워져 있기 때문이다.

그러므로 종교인임을 자부하는 사람들이 종교가 마치 자신들만의 전유물인 양 생각하는 태도, 오직 자기 종교를 믿어야만 구원을 받는다고 강변하는 종말론적 신앙관 등은 모두 자기중심에 빠진 오류를 범하고 있다.

이와 함께 종교란 대개 개인의 구원에만 치중되는 경향이 큰 편인데 이 또한 모순이다. 인간의 존재는 사회 속에서 서로 영향을 주고받는 존재이며, 인격이란 자기 주변의 환경에 영향받아 이루어진다.

한 개인의 선행과 악행은 자신의 의지뿐만 아니라 그를 둘러싼 주변 환경에 크게 영향을 받기 마련이다. 그러므로 의지보다는 환경이 미치는 영향이 더 크게 작용하는 현실에서 개인의 행위에 의해서만 그의 구원 여부를 판가름하기란 불가능한 일이고 나아가 또 다른 잘못을 초래할 수도 있다.

따라서 종교들이 개인적 구원에만 치중하다 보면 오히려 이기심을 강화시킨다. 요즘의 종교나 종교인들의 모습이 이러한 부작용을 잘 보여주고 있다. 문제는 이기심을 갖고 있는 한, 올바른 삶의 길을 주체적으로 걸어갈 수 없다는 점이다.

결국 종교라면 사회적 구원을 생각해야 하며, 그 구체적인 실천을 위해 단체의 결성이나 포교활동 등이 필요한 것이다. 다만 주의할 것은 개인 구원이 지나치게 강조되면 극도의 이기심을 낳을 가능성이 있는 것처럼, 사회적 구원이 강조되다 보면 이제는 역으로 집단과 집단 간의 파쟁을 초래할 위험성이 커진다. 우리는 역사상에서 이러한 사례를 무수히 보아 왔다.

서로 다른 종교 간의 갈등

우리 시대의 대립되는 종교들

종교가 인간 삶의 궁극적 목표에 대한 가르침이라면 이는 어떤 종교에서든 그 목표는 같다고 볼 수 있다. 하지만 세계 종교사를 보거나 현재의 세계를 돌아보면 어느 시기할 것 없이 다수의 종교가 서로 대립하며 다투고 있음을 알 수 있다.

각각의 종교들은 한결같이 자신들의 주장이 진리이며, 다른 종교들은 모두 허위와 오류로 가득 차 있다고 주장한다. 그러나 일단 어느 한쪽의 입장을 떠나 사상사적 현실을 객관적으로 바라보면 그들 모두가 서로 대립하며 파쟁하고 있다는 냉엄한 현실에서 어느 것이나 상대적이고 일방적인 한계를 면하기 어렵다.

그러므로 아무리 자기 종교만이 옳다고 주장할지라도 저마다 상대적이고 일방적이다. 이것이 종교가 갖고 있는 숙명적인 모습이다. 부처님은 이에 대해 다음과 같이 말씀하신 적이 있다.

"세상 학자들은 각자의 견해에 머물고 있어, 서로 다른 편협된 생각을 품고 스스로 진리의 숙달자라 칭하며 여러 가지를 논한다. '이와 같이 아는 사람은 진리를 알고 있다. 이것을 비난하는 사람은 아직 완성자가 아니다'라고."

종교인들은 모두 자기 종교만이 절대적으로 신성하고 완전하며, 다른 종교는 허위라고 주장한다.

"자기 설에만 청정이 있다고 말하고 다른 가르침에는 청정이 없다고 한다. 이와 같이 다른 설을 주장하는 모든 무리들은 집착에 빠져 그러한 자기의 길을 굳게 견지하고 논한다."

"어떤 사람들이 '진리이다' '진실이다'라고 말하는 바로 그 견해를 다른 사람들은 '허망하다' '허위이다'라고 말한다. 이와 같이 그들은 서로 다른 편협한 생각을 품고 논쟁한다. 무엇 때문에 도를 닦는 모든 사람들이 동일한 것을 말하지 않는 것일까?"

"어떤 사람들이 '최상의 것'이라고 하는 가르침을 다른 사람들은 '천하고 열등한 것'이라 한다. 이들 중에서 어떤 것이 진실한 것이라 할 수 있겠는가. 그들 모두 자기들만이 진리에 도달한 자라고 하고 있으며, 그들은 자기의 가르침을 완전하다고 말하며, 타인의 가르침은 천하고 열등하다고 한다. 그들은 이와 같이 서로 다른 편협한 생각을 품고 논쟁하며 각기 자신의 가설을 진리라고 말한다. 만일 타인으로부터 비난받기 때문에 천하고 열등한 것이라 한다면 모든 가르침 중에서 뛰어난 것은 하나도 없게 된다.

분명히 세상 사람들은 자기의 설을 굳게 주장하며, 타인의 가르침을 열등한 것이라 말하고 있기 때문이다."

종교인들은 스스로 자기 종교를 완전한 것으로 생각한 나머지 마음속에서부터 스스로 '완전한 종교'라는 최면에 빠져 있다. 그 주장들의 근거를 보면 반드시 동일하진 않지만 서로가 서로를 겨누어 항쟁하고 있다는 점은 공통적으로 갖고 있는 것이다.

"견해이든, 전승의 학문이든, 계율이든, 맹세이든, 사상이든 이들에 의거해서 다른 설을 멸시하고 자기 학설의 정당성만을 단정하여 기뻐하고 '반대자는 어리석은 자이다. 진리에 숙달하지 않은 사람이다'라고 한다."

"그들은 이와 같이 서로 다른 편협한 생각을 품고 논쟁하고, '다른 사람은 어리석은 자이며 진리에 도달한 사람이 아니다'라고 한다. 이러한 사람들은 모두 자기만이 진리에 도달한 사람이라 생각하고 말하고 있으나, 이들 중에서 어느 것이 진실한 것일까."

문제는 진리란 하나이고 제2의 진리란 존재하지 않는다는 사실이다. 도대체 이들 중에 어느 것이 진실에 가까운 것일까? 서점가에 즐비하게 전시되어 있는 수많은 종교 서적들이 저마다 진리를 소리높여 외치고 있지만 참으로 인생의 진리를 밝혀주는 길은 어디서 찾을 수 있는 것일까를 누구나 한 번쯤 자신에게 되묻곤 한다.

인생의 형이상학적 문제의 해결을 구하는 이들이라면 이러한 혼돈 앞에서 커다란 당혹감을 감출 수 없는 것이다.

종교의 갈등과 분쟁을 보는 바른 시각

종교인들이 서로 다투고 있는 현실에 대해 부처님께서는 "그들은 자기의 견해에 탐닉해서 더러움에 젖어있는 까닭이다"라고 비판하셨다.

"욕심에 끌리고 바람에 구애되어 있는 사람이 어찌 자신의 견
해를 넘을 수 있겠는가?"

"불교 밖에 있는 모든 파는 가지가지의 철학적 견해에 의존하
고 있다."

"그들은 진리(法)를 모른다."

세상의 종교인들은 모두 자기 종교의 교리에 구속받고 있다. 하
지만 그것들은 모두 그릇된 것들이다. 그들은 결국 인간의 사유능
력을 뛰어넘는 형이상학적 문제에 대하여 논쟁하고 있는 까닭에
확집(確執)에 빠져 있다. 이렇게 되면 결과적으로 인간으로서의
진정한 도리로부터 벗어나 의외로 예기치 않은 잘못이나 과오를
범하기도 한다.

"그들은 자기의 주장을 굳게 지키면서 논하고 있으니, 여기에서
다른 그 누구를 어리석은 자라고 볼 수 있을 것인가. 다른 설을
'어리석다, 부정한 가르침이다'라고 말한다면 그들은 스스로 확집
을 부를 것이다."

이와 같은 논쟁으로는 사람의 궁극적 목표인 해탈에 도달할 수
없다. 부처님께서는 이러한 철학적 논쟁을 무의미한 것으로 보고,
"일체의 철학적 단정을 버리게 되면, 사람들은 이 세상에서 확집
을 일으키지 않는다"는 주장을 펴셨다.

부처님의 가르침은 여러 가지의 철학적 관념이나 견해들을 초월한 것이다.

나에게는 '이렇게 말한다'는 것이 없다. 모든 사물에 대한 집착을 집착이라고 여실히 알고, 모든 견해에 대한 과오를 보고, 고집하지 않고, 성찰하면서 내심의 평안함을 나는 보았다."

올바른 삶의 길을 향도하는 으뜸의 가르침을 추구하는 종교인들은 오히려 그 누구보다도 열린 마음, 열린 사람이어야 한다. 자유와 진리를 찾아 종교에 입문한 사람이 도리어 아집에 사로잡혀 편협한 사고의 틀 속에서 논쟁만을 일삼는다면 이미 종교적 의미는 상실되는 것이고 궁극의 목표 또한 실종되고 말 것이다.

물론 종교를 믿고 의지한다고 해서 진리가 발견되는 것은 아니다. 오직 진리를 추구하는 성실한 삶의 자세만이 진리를 찾는다. 특히 오늘날 우리 사회에서 횡행하는 종교적 마찰과 갈등은 날이 갈수록 심해지고 있다.

이는 일부 편협한 광신자들의 몰지각한 활동과 사회 전반에 뿌리내린 흑백논리의 영향 등으로 사회 모순의 심각한 한 단면을 이루는 부분이기도 하다.

종교의 지향점

산신님, 부처님, 하나님

종교의 분류는 피상적이고 도식적이어서는 안 된다. 가령 기독교, 불교는 고등종교이고 산신이나 용왕을 믿는 것은 샤머니즘이라고 단순히 규정할 수는 없다. 비록 부처님이나 하나님을 찾으며 열렬히 기도한다 하더라도 그것이 개인적인 욕망을 충족하기 위해서 기도하는 일이라면 샤머니즘과 다를 바 없으며, 반대로 바위 밑에서 기도한다 해도 참으로 올바르게 살려는 의지와 지성으로 원(願)을 세울 때 그것이 고등종교의 모습이기도 한 것이다.

자, 여기 세 사람의 신앙인이 있다.

한 사람은 산신을 믿고, 다른 사람은 불교인이며, 마지막 사람이 기독교인이다.

첫째 사람은 산골짜기 맑은 샘물이 솟아나는 바위 밑에서 목욕재계하고 일심으로 기도한다. "산신님, 산신님, 우리 집에 액난을 면하게 하고 평안을 주소서."

둘째 사람은 명산대찰을 찾아가 부처님 앞에 꿇어앉아 일심으로 기도한다. "부처님, 부처님, 우리 집에 액난을 면하고 평안을 주소서."

셋째 사람은 십자가 앞에 꿇어앉아 기도한다. "주여, 주여, 은총을 베푸시어 우리 가정에 액난을 없애주고 평안을 주소서."

이들 각각의 신앙을 무엇이라 규정할 수 있을까? 흔히들 첫째 사람은 미신이나 샤머니즘이라 부르고, 둘째는 부처님을 찾으므로 깨달음의 종교라 하고, 셋째는 하나님을 찾는다 하여 고등종교라 말하기 쉬울 것이다.

하지만 산신님, 부처님, 하나님을 부르는 신앙 양태는 서로 호명하는 대상과 바위나 불상, 십자가 등의 차이를 제외하고는 그 본질상 동일한 뿌리를 갖는다고 볼 수 있다.

대상과 용어가 다르다고 해서 어떤 것은 미신이고, 어떤 것은 우상숭배이며, 어떤 것은 유일신을 믿는 고등종교라고 구분하기란 매우 어려운 일이다. 만일 이러한 분류를 받아들인다면 이는 모두 허상에 불과함을 알아야 한다. 세 사람의 신앙은 신앙이란 점에서 동일한 것이며, 그 어느 것도 미신이나 고등종교라 말하기 어려운 것이다.

소박한 기원이란 차원에서는 순수한 신앙이라 볼 수도 있다. 하지만 이들 신앙 양태는 모두 올바른 삶의 가치 추구는 아니기 때문에 종교의 본질에 접근해 있지는 못하다.

종교인의 기본자세는 성실한 삶의 태도이다. 기적이나 신통력은 수행 과정에서 떨어지는 부산물일 뿐, 목적도 아니며 수행의 진정한 열매도 아니다. 그 때문에 부처님께서도 신통력이나 기적의 사용을 금지했던 것이다.

그 이유는 간단하다. 대중이란 신통력에 취하면 삶의 해결을 추구하는 불교적 수행의 목적이 신통력이나 기적을 내는 데 있다고 착각하기 쉽다는 점을 경계하신 것이다. 오늘의 사회 현실을 보라. 이러한 작은 기적이나 영험이 종교의 목적이라도 되는 양 잘못 인식하고 고등종교의 이름을 빈 샤머니즘적 신앙 양태가 얼마나 많이 번창하고 있는가.

결국 형태에 집착하기 때문에 종교인이 개인 구복적이고, 신비주의적 요소에 빠진다. 한번 이런 길로 들어서면 올바른 삶을 살기보다는 가산을 탕진하고, 가족의 화합을 깨뜨리고 종교 간의 갈등을 조장하는 광신자가 배출되는 등, 나와 남을 다 같이 망치는 길을 가게 되는 것이다.

종교의 본질

종교의 본질은 올바른 삶에 대한 근원적 해답을 추구하는 데 있다. 종교인의 자세는 진실한 삶이란 무엇인가를 밝혀보려는 보다 구도적인 자세여야 한다. 또한 종교적 가르침도 단편적인 지식 습득에 있는 것이 아니다. 곧 종교는 자연과 사회와 인간을 망라하는 광범위한 영역에 대해서 '진실한 모습은 어떤가' 하고 문제를 제기하고 또 그 문제에 대한 해답을 찾아가는 것이다.

마찬가지로 개인적 수행을 중요시하면서도 사회의 제 모순에 대한 문제도 제기하며, 그의 근원적인 치유책을 제시할 수도 있어야 하는 것이 종교의 사명이기도 하다.

다시 말해서 개인 문제의 해결이 곧 사회문제의 해결이며, 동시

에 사회문제의 해결이 곧 개인 문제를 해결하는 길임을 자각한다
면 종교는 모름지기 모든 인간문제의 해결에 적극 나서야 한다.

불교의 입문

자기야말로 자신의 주인이고 의지할 곳
그러니 말 장수가 좋은 말을 다루듯
자기 자신을 다루라.
자기야말로 자신의 주인
어떤 주인이 따로 있을까
자기를 잘 다룰 때
얻기 힘든 주인을 얻는다.

《법구경》〈비구품〉

불교란 무엇인가

불교의 출발

모든 존재는 조건 지어진 결과

부처님은 인간의 존재를 조건 지어진 결과라고 보신다. 육신이란 원소의 물질적 결합으로 조건에 따라 변해간다. 일순간도 머무르지 않고 낡은 세포는 소멸하고 그 빈 자리는 다시금 새로운 세포의 생성으로 메꿔진다. 육신이 항상하는 듯 생각되지만, 이처럼 생성과 소멸을 되풀이하며 끊임없이 변해간다.

우리의 의식도 마찬가지다. 순간순간 새로운 정보가 주입되기도 하고 또 낡은 정보는 소멸되기도 한다. 항상할 것만 같던 의식도 순간마다 변해가는 것이다. 그 어떤 가치도 불변하거나 항상하는 것은 없다. 주위의 조건에 따라 변해가는 것이다.

인간의 사고가 주체적으로 사물을 관찰하고 판단하는 것 같지만, 그 사고의 틀은 이미 조건에 따른 규정을 받고 있는 까닭에 다만 그 틀 안에서 상대적 독립성을 가질 뿐이다.

우리는 이러한 외부 조건에 의해서 규정된 것을 '나'로 여기고 그 '나'가 항상하는 것이라 판단하기 때문에 아집(我執)이 생기고 편협된 생각을 갖는 것이다.

"모든 것은 연(緣)-조건이나 환경-에 의해서 이루어지고, 연(緣)에 의해서 멸한다. 이 세상에 항상하는 것은 아무것도 없다. 모든 것은 인연에 의해서 끝없이 변해간다. 이를 여실히 보는 사람은 편안을 얻으리라."

모든 존재는 조건이 바뀜에 따라 변화하기 때문에 항상하는 자기 존재란 없음을 확신해야 한다. '나'라고 생각되는 것은 다만 관계 속에서 변해가는 일시적인 존재일 뿐이다. 하지만 우리는 이 때문에 매양 항상하는 나, '나만의 나'가 있다고 착각하기 쉽다.

가치관은 환경의 소산

여러분은 도덕이나 윤리 등에 관해 저마다의 가치관을 가지고 있을 것이다. 그런데 이러한 가치관은 사람들마다 다양한 편차를 보인다. 이렇게 다양한 가치관의 스펙트럼은 무엇 때문에 생기는 것일까? 이는 가치관의 형성 배경과 밀접한 연관이 있다고 볼 수 있다.

즉 사람이 태어나 성장하는 환경, 다시 말해 잘 길들여진 결과의 산물이 가치관이기 때문에 열이면 열 사람이 제각기 차이점을 가질 수밖에 없는 것이다. 그래서 한 핏줄을 나눈 한 민족 내에서도 출신 지역과 시대적 조건에 따라 가치관이 판이하게 달랐던 사실을 우리 역사 속에서도 어렵잖게 찾아볼 수 있다.

신라시대에는 사촌 이상이면 결혼할 수 있던 풍습이 조선조에 들어서는 동성동본이란 보다 넓은 범위에까지 결혼이 금지되었고, 또한 조선조에는 일부다처가 용인된 반면, 현재는 법적으로 축첩을 금하고 있다. 뿐만이 아니다. 아프가니스탄에서는 형이 죽으면 동생이 홀로 남은 형수를 자신의 아내로 맞아들이는 풍습이 있고, 지금의 아랍국가들은 대개가 일부다처를 허용하고 있다. 또 일본에서는 사촌 이상이면 결혼이 가능하다고 한다.

매스컴의 발달로 지구촌이란 표현에서 상징되듯 각국의 생활양식이 과거와는 비교할 수 없을 만큼 균일화한 현대에도 동시대를 살면서 아직까지 판이하게 다른 가치관의 문제로 나라마다, 인종마다, 지역마다 갈등과 분쟁이 거듭되고 있다.

가치관이란 환경적 산물에 불과하다. 개인의 가치관은 상당 부분 그를 둘러싼 가정과 사회, 지역과 민족, 그리고 성의 차이 등에서 영향받은 소산으로 봐야 한다. 그런데 사람들은 환경적 산물에 불과한 상대적 가치를 절대화하여, 자신의 가치관을 고정불변한 것으로 여겨서 스스로를 관념의 감옥에 구속시킨다.

백 년 전만 하더라도 남편이 먼저 죽은 부인은 큰 죄인이라고 여겨 미망인(未亡人)으로 불렸고 더구나 과부가 재혼을 하는 경우는 주인을 바꾸는 것에 비유하여 몹쓸 죄인으로 취급하기까지 했던 것이다. 이러한 관념의 감옥은 한 발자국만 떨어져서 바라보면 그것이 얼마나 어리석은지를 쉽게 헤아릴 수 있다. 문제는 그 안에서 상식화된 관념을 당연시하고 살아온 사람에겐 그토록 쉬운 이치가 특별한 계기 없이는 잘 통찰되지 않는다는 데 있다.

남자는 부인을 두고도 여러 명의 첩을 둘 수 있는데 왜 여자는 남편이 없는데도 재혼이 금기시 되었을까? 남편의 죽음은 그의 운명일 뿐인데 왜 그의 아내인 여자가 그 죽음의 책임을 져야 한단 말인가? 청상과부로 지내면 열녀가 되고, 반대로 재혼을 하면 천하의 죄인으로 취급하는 윤리, 도덕의 선악관은 이유 여하를 막론하고 분명히 잘못된 것이다. 그러나 그 시대의 사람들은 이 명백한 허구를 올바르게 바라볼 수 없었다.

이처럼 우리가 선과 악을 구분하는 분별심이란 것은 상대적일 뿐 아니라, 또 그릇된 경우가 허다하다. 옛날에는 악이던 것이 오늘날에는 선이 되고, 우리한테 선인 것이 다른 나라에서는 악이 될 수도 있는 것이다. 결국 선악이란 가치관은 환경적 산물이므로 상대적이다. 그런데도 우리는 관념에 빠져 상대적 가치를 절대화하고 있다.

본래 가치란 자신이 자란 문화권에서 길들여진 결과이다. 그러므로 사람이 태어나 어떤 환경에서 길들여지느냐에 따라 가치관도 달라지며, 사람도 달라지는 법이다. 가령 인도에서 태어난 불가촉천민은 인도의 카스트 제도와 그로 인한 차별에 대해 저항

의식을 갖고 있지 않다. 이유는 태어날 때부터 그렇게 길들여진 탓이다.

그러한 환경 속에서 자란 사람은 그 사회의 잘못된 가치에 대해서 눈뜨기 어렵다. 인간의 의식은 환경이나 주변 조건에 의해서 만들어지기 때문이다. 그럼에도 우리는 대개 자신의 의식을 본래부터 존재했던 것으로 여기고 있으며, 자신이 받아들인 선악의 가치를 절대화하면서 다른 가치관에 대해 심한 배타감을 갖고 있다.

장님과 코끼리 이야기

남자는 본래 여자보다 우월하며, 백인은 본래 흑인보다 우월하다는 생각을 갖는 사람들이 많다. 그러나 본래부터란 있을 수 없다. 그것은 남성 중심 사회에서 남성이 우월하다고 생각하는 가치관을 심었기 때문이고, 마찬가지로 백인 중심 세계관을 갖고 백인이 우월하다고 생각하는 가치관을 심었기 때문인 것이다.

사람은 남녀 피부색에 의해 차별될 수 없다. 다만 그 사회의 지배 논리에 따라 왜곡된 가치관이 만들어져 교육되었기 때문에 그것을 당연시할 따름이다. 문제는 이러한 그릇된 관념을 극복해야할 종교인들까지도 오히려 자신의 관념을 절대화함으로써 자신의 종교관이 옳다고 주장하고, 자신의 종교를 믿지 않는 사람을 악마화하는 경향까지 있다는 점이다. 부처님은 이러한 고정된 관념을 아집(我執)이라 하시며, 이 아집을 타파할 때만이 진실을 볼 수 있다고 가르치셨다.

경전에서는 아집에 매여있는 사람을 '장님이 코끼리 만지는 격'에 비유하고 있다.

"날 때부터 장님인 사람들이 코끼리를 만져보고 코끼리의 생김새를 서로 말하고 있었다.

다리를 만져본 사람은 '코끼리는 기둥 같다', 귀를 만져본 사람은 '코끼리는 부채살같다', 배를 만져본 사람은 '코끼리는 벽같다', 코를 만져본 사람은 '코끼리는 뱀 같다'고 하며 서로 자신이 본 코끼리에 대해 자신의 주장이 옳다고 싸운다.

세상 사람들도 이와 같다. 아집에 싸여 서로 주장을 내세우고, 타인을 비난하며 헐뜯는다. 그러나 아무도 눈을 뜨고 코끼리의 전체 모습을 보지는 못했다. 눈을 뜨고 코끼리를 볼 일이다."

"사람들은 대롱을 갖고 하늘을 본다. 자기 대롱 속의 하늘이 전부라고 생각한다. 대롱을 버려라. 그래야 하늘을 전부 볼 수 있다."

관념의 타파로부터 출발

절대화된 관념을 타파하는 것이 불교의 출발이다. 장님이 눈을 뜨는 것, 자기 대롱을 버리는 것을 관념의 타파라고 한다. 이 관념을 타파할 때 깨달음의 길이 열린다. 온갖 관념의 굴레나 쇠사슬을 끊어 버리지 않고는 결코 자유를 누리기란 어려운 일이다. 관념의 모든 속박으로부터 완전히 벗어난 사람을 우리는 부처라 하는 것이다.

부처님의 가르침은 나를 덮어씌우고 있던 거짓과 허상의 굴레를 벗겨내 주기 때문에 편협과 아집에 둘러싸인 나를 자유롭게 해방시켜 주는 것이다. 몇 번씩 되풀이해서 기억하는 지식과는 달리, 모든 것을 있는 그대로 꿰뚫어 보는 지혜를 증득하게 한다.

마치 장님이 눈을 뜨고 몇 발 떨어져서 코끼리의 전체 모습을 확연히 바라보듯 그렇게 직시하는 것을 말한다. 이 경지에 이르러야 모든 대립과 논쟁을 뛰어넘을 수 있다. 그러므로 불교는 '불교'라는 또 하나의 관념을 만들어서는 안 된다. 그것은 이미 불교가 아니다.

양파의 껍질을 하나하나 벗겨내듯 나를 뒤덮고 있는 관념의 장벽을 하나씩 벗겨나가야 한다. 나를 둘러싼 허상이 벗겨질 때마다 아! 하는 탄성의 깨달음이 터져 나오고 점점 이 우주의 주인이 되어가는 기쁨을 만끽할 수 있게 된다.

눈을 뜨지 못한 사람들

세상의 많은 사상가라는 사람들까지도 자기 한계를 극복하지 못하고 전승된 학문이나 사상, 계율에 추종함으로써 진리를 전면적으로 보지 못하고 있다. 장님 코끼리 만지기식의 부분적인 자기

경험만을 갖고 일부를 전부라고 주장하는 그들 사상의 전승이란 마치 장님들이 줄서기 하는 것과 다를 바 없는 것이다.

"앞사람도 보지 못하고 뒷사람도 보지 못하고 가운데 사람도 보지 못하면서 떠드는, 이러한 사상가들의 말은 이름뿐이고 공허하고 허망한 것이라 할 수 있다."

"어떤 수행자나 사상가들은 단지 단편적인 진리를 갖고 서로 다투고 논쟁한다. 이런 수행자들은 맹목적이어서 눈이 없으며, 입씨름을 하고 논쟁을 일으키며, 날카로운 혀로 타인을 찌르며 나날을 보낸다."

불교라는 또 다른 형상을 짓지 말라

불교는 진리를 꼭 불교라는 이름으로 말해야 한다고 고집하지 않는다. 누구의 말로 설해지든 옳다면 그것은 진리라고 인정하는 것이다. 그러나 편협한 생각을 극복하고 초월하는 부처님의 근본 가르침이 과연 현재의 불교에서도 그대로 존재하고 있는지에 대한 의문이 제기될 수 있다.

"문자라는 것에 얽매여 쓸데없는 일들에 논쟁하지 말라"

"법은 무언가 특수하거나 기이한 실천의 수행이 아니다. 여래가 가르치고 보인 법과 율은 공명하게 빛을 발하며, 비밀로 덮이는 일이 없다. 그것은 해와 달같이 명명백백한 것이다."

이러한 부처님의 말씀을 새겨보라. 형식에 집착하고, 문자와 언어에 집착하여, 부처님의 가르침을 형식적 이론으로 정립하고, 문자 풀이에 열중하고, 파당을 짓는 등의 행위는 불교라는 또 하나의 형상을 만드는 것이며, 이는 부처님의 가르침과도 정면으로 위배되는 것이라 할 수 있다.

"법에 의지하라, 사람에 의지하지 말라"

'법에 의지하라, 너 자신의 본성에 의지하라'는 부처님의 말씀이 귀에 쟁쟁하다. 이는 올바르게 살겠다는 의지를 갖고 현상의 거짓에 대한 문제 제기와 해답의 추구, 밝혀진 진실에 대한 믿음과 그 진실을 실현하려는 의지 등 이러한 힘에 의해서만 우리를 규정하는 제 조건들로부터 해방될 수 있다. 불교의 출발은 우리의 편협한 일상의 생각을 극복해 가는 구도적 자세에 있는 것이다.

인생의 행복과 성공의 함수관계

가치의 상대성

우리 인생의 목표는 성공하는 데 있다. 그렇다면 무엇이 성공일까? 구체적으로 열거해보자. 좋은 학교를 나오고, 좋은 직장을 다니고, 좋은 사람을 만나서 사는 것이다. 이 중에서 어떤 곳이 좋은 직장인지 더 들어가 보자.

적게 일하고도 많은 돈을 받을 수 있는 곳, 편히 일하고 대우받을 수 있는 곳, 남 위에서 권세를 부릴 수 있는 곳, 남으로부터 존경을 받는 곳 등이다. 한마디로 주위 사람들보다 더 많이 소유하고, 소비할 수 있는 재물과 지위와 명예를 갖는 것이다. 물론 이렇게 직설적으로 얘기하면 어떤 사람들은 "꼭 그런 것만은 아니다"라고 고개를 내저을지는 모르겠다. 여기서는 본질을 얘기할 뿐이다.

재물이든, 권력이든, 명예나 지식이든 무엇이든지 남보다 많이 소유하는 것이 인생을 성공적으로 사는 것이라 여기는 사람들이 대다수이다. 그래야 적선도 많이 할 수 있고, 교회나 절에 시주도 많이 하며, 사회사업도 크게 할 수 있고, 역사에 이름을 남길 만한 일도 할 수 있지 않겠냐고 생각하는 것이다.

문제는 더 많이 소유한다는 것은 상대적인 개념이란 것이다. 전 사회의 총량이 많고 적음에 관계없이 '남보다' 내가 더 많이 소유하려면-즉, 그 욕구가 충족되려면- 누군가는 '나보다' 더 적게 소유하는 사람이 있어야 한다는 것을 전제로 한다. 재물을 예로 들면 누군가 적게 일하고 많이 가지는 사람이 있으려면 누군가는 많이 일하고 적게 가지는 사람이 있어야 함을 의미하고, 이는 권력의 경우도 마찬가지다. 즉 누군가가 앉아서 명령하려면 누군가는 부동자세로 명령을 받아야 한다는 것을 말하기 때문이다.

그래서 어느 한 사람의 성공이 보다 빛나려면 많은 사람들은 실패를 겪을 수밖에 없는 일이고, 또 한 사람이 소유하는 재화의 양이나 행복의 크기가 크면 클수록 고통받는 타인의 수는 많아지며, 그 고통의 양도 증대하는 것이다. 이것이 우리 사회의 현실이다.

네 탓, 내 덕

성공에 이르는 길은 그것이 어떤 방법에 의해서든지 간에 다른 사람의 희생을 딛고 올라서는 것임은 자명한 일이다. 현실의 조건에서는 나의 성공 이면에는 필연적으로 다른 누군가의 몰락이 따른다. 따라서 모두 함께 성공할 수는 없는 것이다.

그러다 보니 이기기 위해 경쟁과 갈등이 생기고, 탐욕을 채우기 위해 남을 속이고 남의 물건을 훔치며, 사람을 다치게 하고 죽이는 일까지 자행하게 되어 그 고통은 더욱 심화되고 있다. 결국 어떤 누구도 이 경쟁에서 양보할 수 없으며, 필연적으로 가혹한 경쟁을 유발하고, 경쟁에서 이기기 위한 수단으로 인간을 이용하기까지 하는 것이다.

이로부터 모든 불평등과 분쟁이 일어난다. 선점권을 쥔 자는 놓지 않으려 하고, 자신의 기득권을 합리화하기 위해 법률을 제정하고, 종교를 악용하며, 또 윤리가 만들어지고, 사회 구조까지 재편된다.

이처럼 우리가 사는 세상은 피라미드와 같은 지배 구조이다. 저마다 우리는 이 피라미드 구조의 상부를 향해 달음박질을 하고 있는 것이다. 누군가 정상에 오르려면 대다수의 사람들은 이 경쟁에서 떨어져 피라미드 하부의 기초를 마련해야 한다. 사실 이러한 다수의 디딤돌이 있어야만 상부로 올라설 수 있는 것이다.

그러므로 나의 성공은 그 본질에서 보면 남에게 고통을 전가함으로써 얻어진 것과 다름없다. 즉 고통의 해결은커녕 탐욕에 의해 지배되는 이러한 경쟁이 중단되지 않는 한 갈등과 고통은 끊임없이 계속되고 심화될 수밖에 없는 것이다. 이러한 상부의 기득권을 대대로 유지하기 위하여, 예부터 기득권자는 신분에 의해서, 재물이나 성별, 학벌에 의해서 다수의 사람들이 상부로 진출하는 것을 구조적으로 제약했던 것이다.

이 점을 부처님께서 모르실 리 없었다. 그래서 왕중의 왕이 되고자 절대왕권을 휘두르던 코살라국의 프라세나짓왕에게 부처님은 말씀하셨다.

"오직 외아들을 사랑하듯 백성을 사랑하시오, 억압을 해선 안 된다는 것은 말할 필요도 없습니다. 아무리 작은 생명일지라도 귀중한 것입니다. 스스로 억제하여 자신의 악덕을 제어하고 바르지 못한 가르침을 버리고 바른 길을 가시오, 타인의 불행 위에 나의 행복을 쌓아서는 안 됩니다.

괴로운 자를 돕고, 슬퍼하는 자를 위로하며, 병든 자를 구하시오. 왕의 지위를 특별한 것으로 생각지 말며, 아부하는 자의 말에 따라서는 안 됩니다. 굳이 고행을 할 필요는 없습니다. 그러나 마음의 긴장이 풀려 스스로 교만하지 말며, 정각을 얻도록 항상 조용한 마음이 필요합니다.

냉철한 판단을 잃고는 한 나라의 안위를 생각할 수 없으며, 자기 자신의 생명도 올바르게 간수하지 못합니다. 백성의 행복을 해치지 말며, 백성의 행복이 흔들리지 않을 토대를 닦아 주시오."

우리는 무엇이든 자신이 소유할 수 있을 때 만족을 느낀다. 그 것이 사람이든, 재물이든, 권력이든 소유의 독점이 강해질 때, 그 리고 그 독점이 확대될 때 성공했다고 만족한다. 세속의 가치는 이런 소유에 근본을 두고 있기 때문에 주종의 세계, 지배와 복종의 세계를 만든다.

이와 함께 우리는 잘되면 내 덕이고 잘못되면 남 탓이라는 마음으로 세상을 살고 있다. 이 또한 세속의 경쟁과 탐심에 기초하는 마음 때문이다.

출가와 깨달음

다 함께 행복하려면

"내가 행복하기 위해서는 누군가 불행해야 할 뿐만 아니라, 그렇게 해서 얻는 행복이란 것도 영원할 수 없는 것이다. 도대체 진정한 행복이란 무엇일까? 나도 행복해지고 타인도 행복해지는 길, 다 함께 행복할 수는 없을까?"

부처님은 출가하시기 전 이러한 의문 속에서 회의와 번민을 거듭하다, 소유욕에 기반을 둔 이 현존의 삶의 방향이 잘못되었음을 깨달았던 것이다. 즉 '소유의 독점과 확대'라는 목표를 갖고 있는 한, 우리는 다 함께 행복할 수는 없다는 사실을 발견하신 것이다. 우리는 누구나 보다 행복하기 위해 열심히들 살아간다. 하지만 소유의 가치관에 뿌리를 두고 있는 한, 그 모든 노력이 결국은 불행으로 돌아올 수밖에 없는 기막힌 모순이 빚어진다는 것이다.

그렇다면 참으로 모두가 행복할 수 있는 길이란 무엇인가? 그 새로운 길은 바로 무소유의 길이었다. 소유의 가치를 버림으로써 욕망을 일으키지 않고, 욕망을 일으키지 않음으로써 악업을 쌓지 않는다. 또한 내가 소유하지 않은 만큼 타인에게 돌아가게 하니 타인까지 이롭게 한다.

따라서 소유가 없으면 주종의 인간관계가 없어지고, 지배와 복종이라는 불평등이 소멸되며, 이리하여 일체의 고통이 소멸되는 길이 열린다.

인생의 새 출발에 나서자

부처님은 이에 왕궁을 버리고 출가를 하셨다. 출가의 정신은 잘못된 가치관을 버리고, 그 가치관에 기반한 일체의 기득권을 포기한다는 의미이다. 이는 결코 삶의 회피나 포기가 아니며 오히려 삶의 방향을 일대 전환하는 것이라 할 수 있다.

전도된 가치관으로 이리저리 표류하다 이제야말로 바로 나아갈 길을 찾은 것이다. 출가는 인생의 새 출발이다. 이는 참으로 불교적 관점에서 새로운 탄생이다. 육신만 바뀐 것을 갖고는 진정한 탄생이라 할 수 없다. 그저 되풀이되는 윤회의 한 과정일 뿐이다. 그러나 가치관을 바로 잡는다는 것은 비록 육신은 전과 같아도 이미 전혀 다른 '새사람'인 것이다.

하지만 새 출발에는 껍질을 깨고 나올 때와 같은 많은 아픔이 따른다. 무엇 때문일까? 그것은 이미 소유욕에 기반을 두어 온 가치와 습성 등이 몸에 배어 업이 되어있는 탓에 새 출발의 과정에서 하나씩 벗겨져 나갈 때마다 느껴지는 아픔이라 볼 수 있다. 이러한 아픔은 일반적인 고통과는 그 종류가 다르다. 마치 해수욕을 하기 위해 동해를 찾아가는 땀 흘리는 과정과도 같은 것이며, 정상에서의 기쁨을 만끽하기 위해 산을 오르는 힘겨움과도 같다고 할까?

따라서 이 고통은 어떤 의미에서 보면 전혀 고통이 아닐 수도 있다. 즉 고통을 참는다기보다는 열반을 향해 나아가는 길이기에 기쁘고 즐거운 것이다. 해수욕 가는 여정이나 등산하는 동안의 구슬 땀방울이 결코 고통이 아니라, 그 자체가 기쁨이듯이 무소유의 삶도 열반으로 인도하기 때문에 살아가는 과정이 즐거우며 도달했을 때의 행복은 그 어디에도 비할 수 없는 것이다.

부처님의 삶을 본받아

우리는 석가모니 부처님께서 이 세상에 오셔서 보여주신 일생의 모범을 본받아야 한다. 우리 시대의 보편적인 젊은이의 삶을 추적해 보자.

이 세상에 태어나서 청소년 시절까지는 가정과 학교에서 가르치는 대로 배워 왔다. 기존의 가치관을 배우고 사회가 요구하는 인재가 되기 위해 모범적인 학생으로 성장해 왔다. 삶에 대해서나 사회에 대해서 깊이 생각해 본 적 없이 남이 살아가는 대로 살아가는 수동적인 삶과 다를 바 없었다.

그러다 대학이나 직장에 다니며 사회에 본격적으로 첫발을 내디디면 처음엔 무엇인지 모를 자유감에 젖어 낭만을 쫓기도 하고, 때로는 방탕한 생활에 빠지기까지 한다. 그러던 중 이 사회의 저변에서 살아가는 많은 사람들의 고통을 알게 되고, 그들의 고통이 개인의 잘못이라기보다는 사회제도의 모순에서 비롯되고 있음도 깨닫게 된다. 자신의 안락이 어떤 의미에서는 그들의 희생을 대가로 보장된 것임을 부인하려야 부인할 수 없음에 고뇌한다.

지금 자신이 선 이 자리에서 계속 안락을 추구한다면 앞으로 이들의 고통을 심화시키는 작용을 할지도 모른다고 생각하며 여러 날 밤을 뒤척이기도 한다.

지금까지 배운 대로, 귀에 못이 박히던 부모님의 바람대로 성공한다는 가치란 바로 보다 적게 일하고, 보다 많이 소유하는 삶이었다. 그런데 소유란 상대적인 것이기에 보다 많이 소유하고자 한다면 누군가 보다 적게 소유하지 않으면 안 되는 희생을 초래하는 것 아닌가?

그러므로 지금까지 생각해 온 것과 현실의 실상은 정반대였음을 인식하게 된다.

나의 성공이 다른 사람의 고통을 수반하는 것이다. 이러한 소유의 가치관에 근본적인 문제가 있음을 이해하게 된 것이다. 이제 어떻게 살아야 할 것인가? 기존 가치에 대한 회의 속에 젊은 날의 방황은 깊어만 가고 조금씩 새로운 길에 대한 탐구를 시작한다. 허나 지금까지의 삶의 흐름을 거슬러 올라간다는 일은 생각처럼 그리 간단하지 않다. 너무나 어렵고 크나큰 모험이라 중도에 부딪치는 장애에 좌절하기 쉽다.

이렇게 벽에 부딪쳐 실의에 빠진 우리에게 자비로운 부처님의 말씀이 들려오고 있다.

'만족할 줄 알고, 성실하고, 진실한 삶이 궁극의 열반에 이르는 길이니라.'

소유욕에서 멀어지면 업을 짓지 않으니 내가 좋고, 내가 소유하지 않는 만큼 남에게 돌아가니 남에게도 좋은 일이고, 따라서 함께 열반에 이르는 길이니 미래에도 좋은 진리의 길이다. 반면 현존하는 그릇된 가치를 좇아 산다면 나도 나쁘고, 남도 나쁘며, 미래에도 나쁜 결과를 가져온다. 이러한 판단에 자신이 서면서 지금까지의 그릇된 가치를 단호히 버려야겠다고 마음을 다짐한다. 눈물을 흘리며 발로참회를 거듭하면서 과거를 버리고자 치열한 노력을 계속하는 것이다. 이제는 어려움이 닥칠 때마다 부처님의 6년 고행을 떠올리면서 세상을 거슬러 산다는 것이 얼마나 어려운 일인가를 재삼재사 확인하며 물러서지 않는다.

이러한 수행의 과정이 여러 해 쌓이면 보살로서의 자각이 이루어진다. 자신이 이 세상에 올 때 종속적으로 살려고 온 것이 아니라, 바로 중생을 구원하고자 수억 겁의 생을 거치면서 스스로 선택하여 온 것임을 어렴풋이나마 깨닫게 되는 것이다. 다만 세파 속에 얼마간의 시간 동안 그 발심을 잊어버리고 살았을 뿐임을 인식한다.

그리하여 부처의 길은 특별한 사색에 의해서가 아니라, 몇천 겁의 전생으로부터 희생과 봉사와 선정을 통해 이생에까지 이어진 것임을 자각한 것이다. 이러한 보살행이야말로 자신과 남을 위하는 길이며, 현재와 미래의 이익을 보장하는 길임을 스스로 체득하며 정진의 힘을 키워가는 것이다. 이 수행이 계속되면 전생의 모든 업을 소멸하고 해탈을 이룬 후 영원한 삶인 불세계를 성취하리라.

그렇다. 이와 같이 구원의 길은 고통에서 출발하고, 문제를 제기함으로써 번민하고, 불타의 가르침을 만나 희망을 가지면서, 기존의 삶이 허위였음을 깨닫고, 참회함으로써 새로운 인생의 길에 접어든다. 구원의 길은 언제나 현실의 고통에서 첫 관문이 열리는 것이다. 고통으로 인한 아픔을 견디다 못해 그때까지의 삶에 근본적인 의문을 제기하고, 숱한 방황과 번민의 긴 터널을 헤매던 중

터널 밖의 찬란한 광명이 다가오는 것이다.

그 한 줄기 광명이 부처님의 가르침이다. 이로부터 본격적으로 새로운 인생의 길이 시작된다. 이것이 진정한 출가의 의미이다.

깨달음의 내용

부처님께서는 출가의 길을 통하여 거꾸로 된 우리의 삶을 바로 세우시고, 6년의 고행을 통하여 깨달음을 얻으셨다.

그 깨달음의 내용은 무엇일까?

이 세계의 모든 존재는 제각기 자기 위치와 모양을 가지고 독립성을 유지하고 있지만, 그 어떤 존재도 홀로 독립적으로 존재할 수는 없으며, 상의상관하여 존재한다는 사실을 확연히 발견하신 것이다. 이것을 불교 교리에서는 연기(緣起)라고 한다. 다섯 개의 손가락은 저마다 별개인 듯하지만 하나의 손에 연결되어 우리 신체의 일부로 연관되어 있듯이, 이 세상의 모든 존재도 연관되어 있기 때문에 서로 남이 아니라 한몸이라는 사실이다(同體). 그러므로 한 손가락의 아픔이 다른 손가락의 아픔으로 다가올 수밖에 없다(大悲).

왼손에 상처가 나면 오른손이 즉시 치료를 해야 하듯이, 타인도 나와 별개의 존재가 아니고 곧 나 자신이기도 하기 때문에 타인의 고통을 즉시 치유해야 한다. 이것이 보살행이다. 그러므로 깨달음은 혼자만의 평안에서 머무르지 않고, 곧 치유의 실천적 행위로 옮겨지는 것이다. 우리가 하나라는 사실-自卽他 他卽自-을 깨닫는 순간, 타인에 대한 경쟁과 증오가 사라지고 그의 아픔을 나의 아픔으로 받아들여 함께 동참하고 치유하는 행동으로 나아가는 것은 필연적이라 하겠다.

따라서 보살에게 지옥은 피해야 할 곳이 아니다. 도리어 적극적으로 뛰어들어 지옥의 고통을 즉시 소멸시키고자 치열하게 실천하는 곳이다.

"내가 만약 칼산 가면 칼산들이 무너지고
화탕지옥 내가 가면 지옥들이 무너지고
내가 만약 지옥 가면 지옥들이 무너지고
아귀세계 내가 가면 배고픔이 없어지며
수라 앞에 나서면은 악한 마음 절로 쉬고
축생들을 대하면은 큰 지혜를 얻게 하소서."

실천적 행위가 없는 깨달음은 또 하나의 관념에 불과하다. 자타가 하나임을 깨달았다면 자타가 함께 이 우주의 주인이 되도록 하는 자타일시 성불도(自他一時成佛道)를 이루며, 그리하여 모든 생명이 다 함께 기뻐하는 불국토를 하루라도 빨리 건설하는 일이 최우선인 것이다.

불교의 근본사상

연기(緣起), 불교의 인식론

연기(緣起)의 올바른 이해

모든 존재는 독립 자존하는 것이 아니라 상의상관의 존재이므로, 현상계의 모든 존재는 서로 의존하고 관계 지어져서 존재하고 있다. 따라서 나라는 존재에 대한 인식도 부모로부터 연관 지어져 태어나서, 부모와 가족에 의존하여 성장하고 사회와 환경에 영향을 받으면서 이루어지고 있다. 곧 주변과 연관하지 않고 나라는 존재는 성립하지 않는다.

　나와 내 것이라 인식되는 것은 이러한 환경의 조건에 의하여 만들어진다고 할 수 있다. 더욱이 그 조건이 바뀌면 나와 내 것도 변해가지 않을 수 없다. 만일 존재라는 것이 불변하고 독립적으로 있을 수 있다고 생각한다면 존재의 실상을 바로보기는 어려운 일이다.

존재로 인식되는 것은 조건들의 모임이고, 이 조건이 변해가기 때문에 존재도 끝없이 변해감을 직시해야 한다. 이 세상의 존재 가운데 항상(恒常)하는 것은 없다. 변해가기 때문에 존재로 인식되는 것이다.

모든 존재는 상호 유기적인 연관 속에서 끝없이 변해가면서 생성, 소멸을 되풀이한다. 따라서 존재의 변화는 독립적으로 이루어질 수 없는 것이기에 어떤 원인에 기인하는 것이다. 그러므로 A라는 하나의 사물에 대한 인식은 '무엇으로 말미암아 A가 있게 되었는가'라는 원인의 조건을 찾을 때, A라는 존재에 대해 완전한 인식을 가질 수 있다. 이것이 바로 연기이다.

연기란 '말미암아 일어나다'라는 뜻이다. 이 연기의 도리는 부처님께서 보리수 아래에서 깨달은 상대주의적 존재론을 말한다.

"비구들이여, 연기란 어떤 것인가. 이를테면 생(生)이 있으므로 노사(老死)가 있다고 하는 이 사실은 내가 이 세상에 나오거나 나오지 않거나 정해져 있는 일이다. 이는 법으로서 정해지고 확립되어 있는 일이다. 그 내용은 상의성이다. 그것을 나는 깨달았다. 깨닫고 이제 너희들에게 가르치고 설명하여 '너희들도 보라'고 말하는 것이다."

이 연기라는 존재의 법칙은 부처님에 의해서 만들어진 것이 아니다. 다만 부처님은 이 법칙을 발견하고, 그 법칙에 의해서 존재의 진실상을 여실히 보셨을 뿐이다. 마치 아인슈타인이 없었다 해도 상대성 원리는 존재하는 것과 마찬가지다. 또한 이 상대성 원리를 발견함으로써 우주의 운행법칙이 보다 쉽고 정확하게 설명될 수 있는 것과도 같다.

모든 현상에는 원인이 있다

이제까지는 죽음 그 자체만 갖고 해결의 실마리를 찾았으나, 연기의 법칙에 의거해서 보면 죽음 또한 무엇으로 말미암은 결과인가를 여실히 깨달을 수 있게 된다.

'이것이 있음으로 말미암아 저것이 있고, 이것이 생김으로 말미암아 저것이 생긴다'로부터 존재의 상의상관성과 존재의 생성, 변화를 인식하게 되고, '이것이 없음으로 말미암아 저것이 없고, 이것이 멸함으로 말미암아 저것이 멸한다'로부터 존재의 소멸에 대한 상의상관성과 존재 소멸의 변화를 인식한다.

연기란 존재의 인식방법이라고도 할 수 있다. 인간 존재를 고찰하는 데 적용하면 12연기법이 되고, 이를 우주의 고찰에 적용하면 우주는 성(成)·주(住)·괴(壞)·공(空)하며, 이를 우리의 마음에 적용해보면 마음은 생(生)·주(住)·이(異)·멸(滅)하고, 이를 우리의 육신에 적용하면 생(生)·로(老)·병(病)·사(死)가 되는 것이다. 또한 현실적 삶의 고(苦)를 해결하려는 실천원리로서는 사성제가 성립되는 것이다.

모든 현상은 반드시 원인이 있게 마련이고, 그 원인을 파고 들어가면 그 밑으로는 더 근본적인 원인이 있게 된다. 그러므로 현상을 올바르게 이해하기 위해서는 근본 원인을 추구해 나가야 한다. 이 근본 원인을 추구해 나가는 철학적 사유가 12연기인 것이다.

> "무엇으로 말미암아 노사(老死)가 있는가
> 무엇으로 말미암아 노사(老死)가 있는가
> 생(生)으로 말미암아 노사가 있다.
> 생(生)으로 말미암아 노사가 있다.
> 무엇으로 말미암아 생이 있는가
> 무엇으로 말미암아 생이 있는가
> 유(有)로 말미암아 생이 있다.
> 유(有)로 말미암아 생이 있다.
> -- 중략 --
> 무엇으로 말미암아 행(行)이 있는가
> 무엇으로 말미암아 행(行)이 있는가
> 무명(無明)으로 말미암아 행이 있다.
> 무명(無明)으로 말미암아 행이 있다."

《아함경》

　중략된 과정을 합쳐 총 12단계를 거쳐서 늙고 죽어가는 현상의 근본 원인이 무명에 있음을 찾아낸다. 그리고 다시 무명에서부터 밟아 올라간다.

"무명이 없음으로 행이 없어지고

행이 없음으로 색이 없어지고

-- 중　략 --

생이 없음으로 노사가 없어지고

일체 고뇌가 없어진다."

즉 근본 원인인 무명이 소멸하면 모든 현상(노 · 사)이 없어진다는 것이다. 오늘날 우리가 받고 있는 모든 고통도 이러한 원인 규명을 통해 근본적으로 해결해야 한다. 개인이 갖는 고통 중에도 사회의 모순된 구조에서 오는 경우가 있다. 그와 같은 근본 모순을 찾아 고쳐가지 않으면 고통은 해결될 수 없는 것이다.

삼법인(三法印), 연관과 변화의 세계관

일체의 존재는 연관되어 변화한다(諸法無我 諸行無常)

부처님은 연기의 원리에 의해 이 세상 모든 존재의 실상을 지혜의 광명으로 비추어 보셨다. 그리고 제법의 실상은 무명에 가리운 중생들이 생각하는 것과는 전혀 다르다는 것도 알게 되었다.

첫째, 이 세상의 모든 존재는 고정불변한 것은 하나도 없고, 끝

없이 변화하고 있다는 사실이고(제행무상)

둘째, 이렇게 변화하는 것 중에는 고립적이며 독립적인 불변의 실체가 따로 있는 것이 아니라는 사실이다.(제법무아)

부처님이 깨닫기 전까지의 인도 사상계에서는 현상계의 사물은 변화하지만, 불변하는 영원한 것이 따로 있어 이것이 윤회의 주체가 된다고 생각했다. 그리하여 현생의 고통은 전생에 지어진 고정불변하는 카르마(業)에 의해 규정되는 것이기에 그대로 감수할 수밖에 없고, 따라서 내생에 보다 나은 신분으로 태어나는 것만이 유일한 삶의 희망이자 목표일 수밖에 없었던 것이다.

신분제도는 창조신이 만든 신성불가침의 영역이었고, 그 신분에 해당하는 사람 역시 창조신이 이미 규정한 것이기 때문에 사람의 노력에 의해 변경될 수는 없는 것이었다. 그저 순리대로 묵묵히 사는 것이 가장 올바른 삶이라는 철저히 결정론적인 인생관이 지배하고 있던 시대였다. 그러나 그러한 창조신의 임명이란 완전한 허구에 불과했던 것이다. 한마디로 거짓이었다.

현생의 고통도, 신분도, 제도도 고정불변한 것이 아니라 단지 나와 너의 인간관계에 의해 만들어진 것이며, 따라서 그것은 나와 너, 그리고 주위의 노력 여하에 따라 변할 수밖에 없는 것이기 때문이다.

이 세상의 그 어떤 것도 항상하는 것은 없다. 천민은 태생에 의해 천민으로서의 카르마가 규정되는 것이 아니라, 이 세상에 태어나서 신분제도가 지배하는 환경 속에 길들여진 결과일 뿐이다.

"출생에 의해 귀천이 결정되는 것이 아니다. 귀천은 그 행위에 의해서만 결정된다. 출생에 의해서 브라만이 되고, 천민이 되는 것이 아니라 오직 행위에 의해서만 브라만이 되기도 하고, 천민이 되기도 한다."

부처님의 말씀처럼 브라만은 브라만으로 교육되었기 때문이며, 천민은 천민으로 교육된 결과라는 것이다. 그뿐만 아니라 나라고 생각되는 것 역시 관계 속에서 형성되고 조건 지어졌을 뿐, 불변하는 아트만으로서의 '나'는 존재하지 않는다. 노예인 수드라로서의 '나'도, 성직자인 브라만으로서의 '나'도 없다는 것, 다만 외부적 조건에 의해서 '나'라고 인식된 조건의 모임에 불과하다는 것이다.

따라서 그 조건을 변화시키기만 하면 수드라에서 브라만으로, 또는 브라만에서 수드라로 변형된다. 그러므로 모든 것은 너의 행위에 의해서만 결정된다고 하신 것이다. 불교에서는 불변하는 영혼의 존재를 인정하지 않는다. 변화하는 만유 중에 불변하는 아(我)란 존재하지 않으며 다만 조건에 따라 결합된 업에 의해 변화가 일어나기 때문이다.

이처럼 제행무상과 제법무아는 서로 분리될 수 없는 존재의 실상을 가리킨다. 이는 우리에게 허무감을 심는 것이 아니다. 오늘날 부자유하고, 불평등에 처한 우리의 고통이 결코 정해진 숙명이 아니고, 단지 조건에 따른 굴레일 뿐임을 분명히 깨닫게 한다. 그리하여 이 조건만 변화시킨다면 자유롭고, 평등하고 무한한 세계에서 크나큰 기쁨을 누리리라는 희망을 안겨주는 것이다.

　괴로움에서 벗어나 열반의 세계로(一切皆苦 涅槃寂靜)
　지금까지 우리는 형이상학적 세계관을 갖고 존재의 실상을 거
꾸로 보아왔기 때문에 세계는 불변하고, 객체는 독립된 존재라고
생각하게 되었다. 우리의 이러한 전도몽상 때문에 나날의 삶은 고
통의 연속이었던 것이다.(일체개고)
　그러나 이제 존재의 실상을 여실히 바라본다면 우리의 모든 고
통은 일시에 소멸되고, 항상 안온함이 충만한 기쁨의 세계에 이를
수가 있다.(열반적정)

인연과(因緣果), 창조적 삶의 원리

모든 변화는 법칙에 따라

현존하는 거대한 우주의 질서정연한 움직임들을 보라. 인간은 도
저히 그 무궁한 원리를 이해할 수 없었다. 고심 끝에 전지전능한
신이 있어 그 우주를 창조하고 운행하는 것이라 상상하였다. 그래
서 인간 만사의 행, 불행, 빈부귀천 등 모든 것이 신의 뜻이라 여
기고, 주어지는 현실에 순응하면서 오직 자신의 운명만을 탓하며

살아갔던 것이다.

그러나 만유존재의 실상을 깨달으신 부처님의 지혜로운 안목에는 그러한 변화의 원동력이 결코 신의 뜻이 아니라, 물리법칙과도 같은 인연의 결과임을 확연히 보시게 되었다. 즉 인연에 의해 거듭되는 윤회의 파도가 출렁이고 있는 것이다.

물질계의 운동 법칙도 인연 따라

인연이란 무엇인가? 이는 자연과학과 연관시키면 뉴턴의 제2법칙과 같은 것이다. 일정한 속도로 운동하고 있는 물체에 힘을 가하면 속도의 변화(가속도)가 반드시 일어나며, 일단 속도의 변화가 일어났다면 그 물체에는 반드시 일정량의 힘이 주어졌다는 것이 뉴턴의 제2법칙이다.

$F=ma$, F: 힘 m: 질량 a: 가속도

일정한 속도로 운동하는 질량 m에 갑자기 속도의 변화가 생겨나면 그것은 신의 뜻도 아니며, 우연이나 저절로 나타난 것도 아니다. 물체에 일정한 힘이 가해졌기 때문에 변화가 일어난 것이다. 즉 속도 변화의 원인은 어떤 힘이다.

또 일정한 힘 F를 질량 m에 가했을 때는 반드시 운동 상태의 변화가 초래된다. 이때 이 변화의 크기는 m의 운동 상태가 어떠한 조건인가에 따라 달라진다. 운동 방향으로 힘이 작용하면 가속이 되고, 만일 반대 방향에서 힘이 주어지면 감속이 되며, 또 마찰력 등의 정도에 따라 그 속도의 크기는 달라지는 것이다.

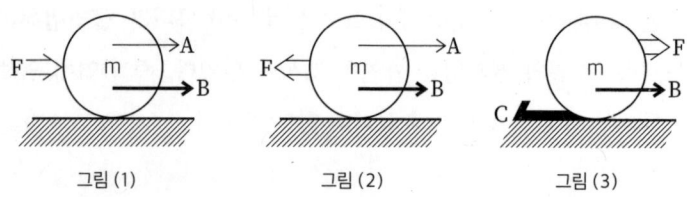

그림(1)　　　　　그림(2)　　　　　그림(3)

그림(1)처럼 A방향으로 운동하고 있는 물체에 같은 방향으로 힘 F를 가하면 운동 B로 나타나고, 그림(2)와 같이 운동 A에 반대 방향으로 힘 F를 가하면 F가 아닌 A의 방향으로 운동 B가 나타난 다. 이러한 현상은 왜 일어나는 것일까? 이유는 질량 m의 물체가 현재 운동하는 상태에 있기 때문이다. 하지만 여기에 계속해서 힘 F를 가한다면 점점 감속이 되면서 마침내 힘을 가하는 F의 방향 으로 방향이 바뀌어 움직이게 될 것이다.

그림(3)에서 마찰력 C가 작용하는 물체 m에 힘을 가하면 바로 운동이 나타나는 것이 아니라, 마찰력 C를 뺀 운동 B로 나타나고 있음도 유의해야 한다. 이처럼 뉴턴의 제2법칙은 물질계의 운동 하는 물체이면 어디에나 적용되는 법칙이다.

인생의 법칙도 인연과에 따라

인연의 원리도 이와 같다. 인(因)은 원인을 말하며, 연(緣)은 조건 을 말하고, 과(果)는 결과를 말한다. 일체의 현상 변화(가령 가속도)는 신의 뜻에 의해, 또는 우연히 저절로 일어나는 것이 아니라, 어떤 원인(힘)에 의해서 일어나며, 그 원인이 작용할 때의 조건이나 환경(운동 상태나 마찰력 등)이 상호작용해서 나타나는 것이다.

따라서 어떤 행위를 하게 되면 그 행위가 작용된 조건과 반응하여, 반드시 결과가 남는다. 우리의 행위는 없어져 버리는 것이 아니라 과(果)로서 축적되는 것이다. 이것이 바로 업(業)이다.

마치 컵에 있는 물 속에 젓가락을 넣고 휘저으면 운동 에너지가 열 에너지로 바뀌어 컵의 물 온도를 높이는 것과 같이, 우리의 의지와 그에 따른 행위는 하나도 빠짐없이 업으로 쌓여 새로운 인(因)을 유발하고, 연(緣)을 형성한다. 이것이 변화의 원동력이 되며 또 윤회의 동력이 되기도 하는 것이다. 업은 고정불변한 것이 아니라 이렇게 쌓였다가 소멸하고 계속해서 변해 간다.

현실의 삶 속에서는 아무리 노력해도 그 성과가 눈에 보이지 않아 실망하고 자포자기할 때가 많이 있다. 그래서 사람들은 쉽게 체념하거나 자신도 모르게 운명론에 빠진다. 앞의 그림 (1)(2)(3)에서 보듯이 현재의 내 노력이 과거의 내 업연(예: 운동 상태)과 현재의 사회조건(예: 마찰력)에 의해서 그 결과가 나타나는 것임을 확연히 인식하는 일이 중요하다. 하다보면 그림 (2)처럼 마치 역효과만 나는 것이 아닌가 하고 갈등이 느껴질 수도 있다. 그러나 선행은 결코 없어지는 것이 아니라, 소리 없이 쌓이고 쌓여 다겁생래의 무거운 업장마저 녹여버리는 큰 동력이 되는 것이다.

그리고 마침내 삶의 방향을 부처의 길로 돌려놓게 된다. 그러므로 너무 조급히 서두르지 말라.

또한 이러한 개인의 인(因)을 돌리는 일뿐만 아니라, 외부의 조건(緣) 역시 대단히 중요한 변수이다. 흔히 불교가 세속화하면서 왜곡된 것 가운데 인연과 중 유독 인(개인 탓)만이 강조되고 연(사회적 조건)이 지나치게 무시된 점을 들 수 있다. 이는 인연과에 대한 그릇된 이해로부터 비롯된다.

인과 연, 두 가지 다 중요한 요소인 것이다. 이러한 외부적 조건, 환경이 운동의 효과를 좌우하기도 할 뿐만 아니라, 때로는 인을 어떤 방향으로 유발시키느냐에 결정적 역할을 하기도 하기 때문이다.

개인의 수행, 사회의 혁신

개인의 수행이 인(因)이라 한다면 사회적 제 조건은 연(緣)에 해당한다. 개인의 삶에 초점을 맞춘다면 아래와 같이 도식화할 수 있다.

인(개인의 사고방식, 기호와 습관, 의지 등)
연(사회의 주변 환경, 시대적 상황, 주변 사람들의 수준과 성격)
과(인격, 기쁨과 괴로움 등 행복감의 정도)
인(전생의 업연) + 연(현생의 조건) = 현재의 업연
반드시 인과 연이 있어야 과가 나온다. 무인유연(無因有緣)이나, 유인무연(有因無緣)해도 과(果)는 나올 수 없다. 그런데 여기

서 실천적인 삶의 진로를 잡는 데 있어 매우 중요한 문제의식이
제기된다.

한 알의 보리알을 옥토에 뿌리면 살 수도 있고 죽을 수도 있다.
마찬가지로 이 보리알을 박토에 뿌리면 죽거나 혹은 기적처럼 살
아날 수도 있다. 하지만 한 되의 보리알을 옥토에 뿌리면 대부분
은 살고 그중 몇 개만 죽는다. 반대로 박토에 뿌려보면 몇 개는 살
아날지 모르지만 대개는 죽고 만다. 이로부터 우리는 개인의 수행
과 정토 건설과의 상관관계를 짐작해 볼 수 있는 것이다.

즉 처음 한 알의 보리알처럼 개체 중심으로 관찰하면 밭이 옥
토이든, 박토이든 보다 중요한 것은 씨앗 그 자체의 문제로 볼 수
있지만, 한 되의 보리알과 같이 다수의 관점에서 본다면 무엇보다
도 밭이 옥토인가 박토인가가 더욱 중요한 문제가 됨을 알 수 있
기 때문이다. 우리들의 삶도 이와 같다.

사회적 조건이 아무리 흉흉하더라도 자신의 노력과 의지 여하
에 따라 올바른 삶을 살아갈 수는 있다. 하지만 우리를 둘러싼 사
회가 정화되어 옥토와 같은 기름진 밭이 된다면 설령 노력이 부
족한 사람이라도 그 연의 영향을 받아 많은 사람이 착한 삶을 살
아갈 수 있다는 것이다.

그래서 보살은 바로 이러한 사회직 조건의 개신에 보다 많은
노력을 집중한다. 이때 사회적 제 조건을 개선하려는 노력이 반드
시 남을 위해서라 할 수 없다. 바로 자신을 위해서인 것이다. 곧
불국토 건설의 과정이 자신의 개인수행이 되는 것이고, 또한 자신

의 주변 환경을 정화하는 일이기에 더욱 이로운 것이다.

결국은 자신과 남이라는 구별 또한 없어지기 때문에 보살은 겉으로는 희생적 봉사를 하는 것 같지만 그것을 결코 희생이라 보지 않고, 자기실현의 길로 보는 것이다.

창조적인 삶을 위하여

인연과의 원리에서 볼 때 인생이란 우리 스스로의 노력에 의해서 개선되기도 하고 물러서기도 하는 것이지, 결코 신의 뜻이나 전생의 업에 의해 운명적으로 결정되는 것이 아니다. 뿐만 아니라 무업론과 같이 이유를 알 수 없는 우연에 의한 것은 더더욱 아니다.

인연과의 원리는 창조적인 삶을 추구하는 비전을 제시하고 있다. 그래서 인생이나 역사를 낙관적으로도, 비관적으로도 보지 않는다. 모든 결과는 우리들 개인과 전체, 그리고 환경에 따른 최선의 노력에 의해 결정되기 때문이다. 그렇다고 과거의 업연을 부정한다는 의미는 아니다. 다만 그 과거의 업연에 종속적으로 끄달려 가서는 안 된다는 점을 강조할 뿐이다.

인연과를 확고히 믿지 않으면 이미 그것은 불교가 아니라 해도 과언이 아니다. 인연과를 믿는 사람이면 마치 칼날 위를 걸어가듯 팽팽한 긴장 속에 한 치의 거짓된 삶도 살아갈 수 없는 것이다. 왜냐하면 지은 바대로 모든 것은 언젠가 자신에게 돌아올 것이기 때문이다.

과거의 반성도 미래의 희망도 현재에서 출발한다. 지나가 버린 과거에 집착하거나, 아직 도래하지도 않은 미래를 염려하는 것은 참으로 어리석은 짓이다. 우리가 과거를 되돌아보며 반성하는 것은 현재를 보다 보람 있게 보내기 위함이며, 미래를 염려하며 내다보는 것 또한 다가올 미래에 대해 현재를 잘 활용하고 대비하기 위한 것이다.

사성제(四聖諦), 깨달음을 얻는 길

이것이 괴로움이다(苦)

현실의 삶은 많은 문제점을 안고 있다. 살아간다는 것 자체가 수없는 문제들이 꼬리에 꼬리를 물고 명멸해 가고, 또 그 문제들을 하나씩 해결해 나가는 과정이기도 하다. 때로 눈앞에 닥친 문제들이 잘 해결되지 않는 것 때문에 밤잠을 설쳐가며 번민도 하고 괴로워하기도 한다.

쉽게 해결하려고 덤빈 행위가 더 큰 문제를 야기하기도 하고 자신의 힘으로 도저히 불가능하고 판난될 때는 전지전능한 신에게 맡겨버리기도 한다. 그리고는 모든 것이 '신의 뜻이려니' 생각하며 운명적으로 받아들이는 마음이 되기도 하는 것이다.

하지만 이처럼 문제의 원인을 찾아 해결하려 하지 않고 신에게 무조건적으로 맡기거나 쉽게 체념하는 행위를 불교에서는 어리석은 짓으로 본다. 그 이유는 간단하다. 왜냐하면 모든 것에는 반드시 원인과 조건이 있기 때문에 그 실마리를 더듬어 나가면 어떠한 어려움일지라도 필연적으로 해결되기 때문이다.

그러면 불교는 현실을 어떻게 진단하는가? 삶은 문제의 연속이라 할 수 있다. 그리고 그러한 문제들이 대부분 제대로 해결되지도 않은 채, 우리의 시야를 가릴 만큼 산더미처럼 쌓여가는 것이다. 이로 인해 인간은 끊임없이 괴로움을 느낀다.

살아가는 데 있어서 기쁨은 잠깐이고, 항상 문제를 해결해야 한다는 강박감 속에 전전긍긍하며 번뇌와 괴로움의 굴레에서 잠시도 벗어나질 못하고 있다. 그러한 현실을 두고 불교는 바로 '이것이 고(苦)이다'라고 진단한다.

그런데 사람들은 이 괴로움에 대해 저마다 다른 감각을 갖는다고 할 수 있다. 먼저 추위에 떨거나 배고픔, 병으로 인한 고통, 인신구속이나 폭력 등으로 공포에 떠는 일, 돈이나 위신을 빌미로 모독을 당하는 일 등 육체적, 정신적 고통을 겪는 경우가 있다. 두 번째로는 더 좋은 것을 먹거나 입으려 하고, 가지고 싶은 것을 못 가져서 오는 욕망의 불충족 등에서 오는 정신적 괴로움이 있다. 세 번째로는 세상이 변해가고 젊음도 잠깐으로, 어쩔 수 없이 늙어가는 무상에서 오는 괴로움이 있다.

이것이 괴로움의 원인이다(集)

이제 현실의 괴로움을 당하고만 있을 것이 아니라 불교를 공부한 사람이라면 우선 왜 이러한 문제들이 발생했는가 하는 원인을 차분히 규명해 봐야 한다. 이때 현실을 잘 관찰하고 올바르게 판단할 때만이 그 원인을 규명할 수 있다.

여기서 필요한 것이 올바른 판단력과 관찰력, 즉 지혜이다. 다시 말해 연기적 관점에서 관찰하고 판단하는 것이 중요하다.

고(苦)는 무엇으로 말미암아 일어나는가? 그 원인의 뿌리를 캐보자.

첫째, 배고픔이나 추위 등의 괴로움은 가난하기 때문에 생기고, 가난의 원인은 게으름 또는 교육을 받지 못한 점, 실업이나 부익부 빈익빈의 사회적 모순 등을 수없이 열거할 수 있을 것이다. 그리고 계속해서 원인을 캐들어가면 모든 것이 무지에서 온다는 것을 알게 된다. 즉 잘못 길들여진 업의 결과로 무지가 쌓였고, 그 무지로 인해 사회의 모순을 올바로 보지 못한 채 그저 자신의 운명과 하늘만을 탓하며 자포자기하면서 허송세월을 한 것이다.

둘째, 욕망의 불충족에서 오는 괴로움의 원인을 보자.

이 괴로움의 원인은 욕망을 충족하려는 노력의 부족도 원인이 된다. 하지만 보다 근본적인 원인은 욕망이라는 것 자체가 상대적이라는 데서 온다.

즉 욕망을 충족하기 위해 사는 삶이란 영원히 만족할 수 없는 삶이라고도 할 수 있다. 이러한 욕망 충족은 타인 간에 끊임없이 경쟁을 조장하고, 불평등의 조건을 조성해 낸다. 나의 충족은 곧 남의 불충족을 낳는다. 이것이 사회의 대립과 모순이 격화되는 원인이기도 하다.

또한 이 욕망은 나라는 실체가 있다고 믿고, 내 것을 추구하는 집착에서 비롯됨을 직시해야 한다. 결국 이러한 모든 집착의 원인은 거짓 나를 참 나로 착각하는 데서 온다고 볼 수 있다.

이것이 괴로움의 소멸이다(滅)

괴로움의 근원은 집착에 있다. 이제 집착의 근원은 무명에 있음을 깨달았다. 그러나 너무도 두터운 업연 때문에 문제를 해결하기도 전에 자포자기하기 쉬운 것이 우리들의 모습이다. 이때 믿음이 중요한 역할을 한다.

비록 지금은 왜소하고, 부자유하며, 고통받는 존재이지만 우리의 본성은 평등의 세계에서 당당한 생명체였다는 믿음, 그러므로 반드시 무명을 타파하고 고를 멸하여 기필코 열반에 도달할 수 있다는 확고한 믿음이 서 있어야 한다.

잘못된 제도나 과거의 그릇된 업연을 반드시 타파할 수 있다는 믿음은 이미 부처님이 몸소 우리에게 보여주신 것이었음을 생각하라. 제아무리 철옹성일지라도 이 세상에 항상하는 것은 없다.

이것이 괴로움의 소멸에 이르는 방법이다(道)

마지막으로 이러한 업연을 타파하는 실천방법을 찾아야 한다. 우리는 여기서 지혜의 안목으로 제시하신 부처님의 가르침을 따라야 한다. 괴로움의 소멸에 이르는 최선의 방법이 팔정도이다.

모든 현상을 올바르게 관찰하고(正見)
올바른 가치관에 기준하여 판단하고(正思)
바르게 말을 하며(正語)
바르게 행위를 하고(正業)
바른 생활을 하여야 한다(正命)
항상 열심히 노력하고(正精進)
바른 생각을 가지고(正念)
마음에 안정을 가져야 한다(正定)

이 길은 언제나 살아 움직이는 현실에 근거하여 실천하는 것이다. 따라서 언제나 창조적인 길이다. 고답적인 명제, 공식이나 이론에 끼워 맞출 것이 아니라 구체적인 현실을 중심으로 해결의 방법을 찾는 것이 중도이자 팔정도이다.

불교의 실천적 사유는 이처럼 네 단계로 나누어진다. 첫째 현실에 대한 객관적 관찰, 둘째 문제의 원인에 대한 규명, 셋째 해결의 가능성에 대한 믿음, 넷째 문제의 원인을 제거할 수 있는 최선의 실천방법을 모색하는 것이다.

이를 네 가지 성스러운 진리라 하여 사성제라 하기도 하고, 교리적으로 표현하면 고집멸도라 한다.

불교의 실천론

뗏목 이야기

가르침은 방편이다

불교의 진리는 시대와 지역을 뛰어넘는 초역사적이고 초사회적이며 초인간적이다.

그것은 모든 상황적 한계를 극복한 진리 그대로이다. 언어나 문자로도 표현할 수 없다. 이는 마치 장님에게 태양의 눈부신 햇살을 설명할 수 없는 것과 같다. 스스로 상황적 한계를 극복하고 지혜의 눈을 뜰 때만이 모든 존재의 진실상을 여실히 알 수 있는 것이다.

삼복더위에 부채를 부치며 답답해하는 사람에게 동해바다에서 해수욕할 때의 그 시원함을 아무리 설명해도, 경험하지 못한 사람은 상상할 수 없듯이 열반의 경계는 설명될 수 없는 것이다. 그러나 더위를 못이기는 사람에게 동해바다로 가는 길을 안내할 수 있듯이 열반에 이르는 길 역시 가르칠 수는 있다. 그 길을 따라 동해바다에 도착하여 해수욕을 해보면 시원함을 느낄 수 있듯이 부처님의 가르침을 따라 수행하면 열반의 기쁨을 만끽할 수 있다.

부처님은 깨달음으로써 연기에 의한 존재의 실상을 보시고 불세계에 도달하셨지만, 부처님의 가르침은 실천론으로써 모든 사람이 불세계에 도달하는 방법을 담고 있다. 이 방법은 그가 사는 지역에 따라 동해로 가는 방향과 길이 다르듯이 시대와 지역에 따라, 역사적 상황에 따라 달리 제시될 수밖에 없다.

가르침은 역사적이다

어떤 것이 남에게 전달될 때는 언어, 문자나 몸짓 등에 의해 표현되고 이 표현은 서로 간에 약속된 언어, 문자와 몸짓으로 하기 때문에 역사성을 갖지 않을 수 없다. 그 지역의 언어와 가치의 문화적 풍토와 사고의 경향에 견주어 그들의 잘못을 지적하고 진리의 길로 인도해야 하기 때문에 그 시대의 역사적 제약을 받지 않을 수 없는 것이다. 부처님의 말씀인 불경은 바로 2600여 년 전 인도라는 당시의 시대 상황에 맞게 설해진 방편이다. 글자 하나에 진리가 있는 것이 아니라 궁극적으로 무엇을 전달하고자 했는가 하는 글자에 담긴 마음을 읽어야 한다.

가르침은 뗏목과 같다

경전은 단지 우리를 열반에 인도하는 길잡이요, 수단이다. 경전 그 자체가 목적이 아니다. 그런데도 사람들은 그 언어와 문자, 경전에 집착한다. 뿐만 아니라 그것을 목적화한다. 경전의 역사성을 무시하고 절대화함으로써 경전의 말씀 그 자체를 초역사화한다. 모든 것을 자구(字句)대로 적용한다. 그리고는 마치 자랑하듯이 살아 생동하는 부처님의 가르침이 아니라 죽어버린 문자를 우리 앞에 진열한다. 부처님께서는 후세의 이런 병폐를 염려하시고 다음과 같이 말씀하셨다.

"나의 가르침은 뗏목과 같다. 뗏목은 강을 건너기 위해서 필요한 것이다. 강을 건넌 사람이 뗏목이 고맙다고, 이것을 짊어지고 간다면 어리석지 않겠는가?

그와 같이 구원받고 건너도록 하기 위해서 내가 이 뗏목의 비유를 말하는 것이다. 진실로 뗏목의 비유를 알고 있는 너희들은 법이라 할지라도 버려야 할 것인데, 하물며 비법(非法)에 있어서랴."

중도(中道), 불교의 핵심

정함이 있음이 없는 법, 중도(中道)

앞에서 설명한 대로 불교는 이념의 형상화를 부정한다. 불교가 어떤 도그마를 고집한다면 이미 그 생명을 잃은 것이다.

아무리 초역사적인 진리라 할지라도 그것이 표현될 때는 역사성을 갖게 되며, 역사성을 무시하고 이 표현을 절대화하는 것을 법집(法執)이라 하여 경계하였다.

이렇게 상황에 따라 거기에 알맞은 표현 수단이 필요하다. 그 상황에서 목적에 도달할 수 있는 최선의 길, 이것을 중도(中道)라고 말한다. 중도는 가장 올바른 길인 정도(正道)를 말하며, 그것은 상황에 따라 바뀔 수밖에 없기 때문에 고정화될 수 없다.

그것은 정해 놓은 길이 아니다. 오로지 그 상황에서 최선의 길이기 때문에 '정함이 있음이 없는 법'이다.

목표와 위치에 따라

예를들어 설명한다면 아래의 그림 ①에서 A라는 사람을 목적지로 인도히기 위해서는 '동쪽으로 가라'고 해야 한나. 이때 동쪽으로 가라는 것이 A에게는 최선의 길이다. 그 길이 곧 중도인 것이다. 그러나 그것을 B에게 그대로 적용하면 목적지에 이를 수 없다. 이때 B에게 동쪽으로 가라고 하는 것은 극단이 되고 만다.

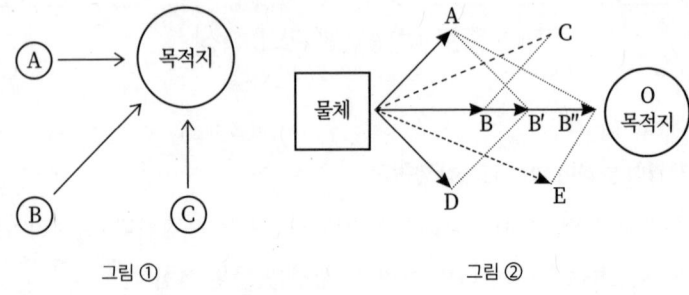

그림 ①   그림 ②

'동쪽으로 가라'는 목적지에 이르는 하나의 수단일 뿐인데, 그 수단을 목적화할 때 법집이 되는 것이다.

B에게는 '동북쪽으로 가라'하고 C에게는 '북쪽으로 가라'고 하는 것이 중도이다.

그림 ②에서 보면, 현재 이 물체는 A방향으로 움직이고 있다. 목적지인 O방향으로 끌고 가기 위해서 B방향으로 잡아당기면 이 물체는 벡터의 합성에 의해서 C방향으로 간다. 따라서 이때의 B방향은 중도가 될 수 없다. 대부분의 사람들은 중도가 실천론임을 잊고 마치 B방향으로 당기는 것을 중도라고 생각한다. 이 물체를 B방향으로 끌고 가기 위해서는 D방향으로 당겨야 한다. 이때 D방향이 중도가 되는 것이다. 물론 그림 ②는 역학에서 이용되는 벡터 합성의 기본원리이다.

중도란 정해져 있는 길이 아니다. 현재 이 물체가 어떤 방향으로 어느 정도의 힘을 갖고 움직이는가에 따라 어떤 방향으로 얼마만한 힘으로 잡아당기면 목적지로 향할 수 있을지가 관찰되어야 한다.

다시 말하면 E방향으로 E만큼의 크기로 잡아당겨도 목적지에
이른다. 그래서 A의 방향과 크기에 따라 중도의 길은 정해질 수
있고, D의 크기에 따라 방향이 또 정해질 수 있기 때문에 한 방법
으로만 고정될 수 없다. 그러므로 중도는 '정함이 있음이 없는 법'
이며 지혜의 눈을 가진, 깨달은 자만이 자유자재한 그 방편을 쓸
수 있는 것이다.

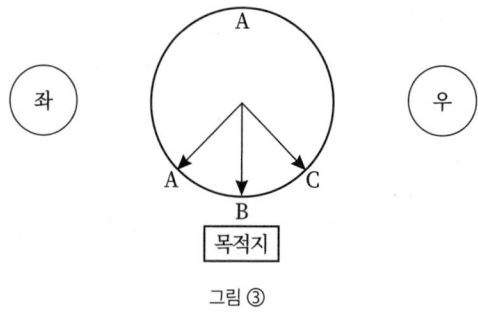

그림 ③

다시 그림 ③으로 설명하면, B의 방향이 목적지일 때, 현재의
운동 상태가 오른쪽으로 기울면 힘은 D방향에서 주어지며, 오른
쪽으로 많이 기울면 기울수록 왼쪽으로 더 기울여서 힘이 주어져
야 B쪽인 목적지로 방향을 잡을 수 있다. 중도의 길은 개인과 사
회의 모든 일에 있어서 올바른 길이 어떤 것인시를 가르쳐 준다.
현재의 사회상태가 C쪽으로 기울 때는 D쪽으로 당기는 것이 중
도이고, 현재의 사회상태가 D쪽으로 기울 때는 C쪽으로 잡아당
기는 것이 중도이다.

C와 D는 서로 다른 길이기 때문에 C가 옳은가, D가 옳은가를 논쟁하는 것은 무의미하다. C와 D는 다 옳은 길이다. 똑같이 B로 가기 위한 길로서의 중도이다. 현상에 집착한 이론가는 중도의 진리를 모르기 때문에 C와 D에 집착한다. '정함이 있음이 없는 법' 즉, 아뇩다라삼먁삼보리가 바로 실천론인 중도이며, 이 중도가 불교의 핵심인 것이다.

병을 치유하는 산처방

이러한 가르침의 방편을 중생의 상태에 맞게 자유자재로 구사하신 분이 석가모니 부처님이시며 그래서 그분은 자신을 항상 좋은 선생이나 명의(名醫)에 비유하신 것이다.

이는 중생의 병에 따라 병을 진단하고 처방을 내리셨기 때문이다.

경전이란 당시의 인도인이 앓고 있던, 인간 본연의 길에서 벗어난 병의 상태를 진단하고 그에 따른 처방을 내린 것이다. 발병하지도 않은 병의 처방을 미리 가르쳐 줄 필요가 없듯이, 부처님의 말씀은 실재하는 인간의 고통에 대해서 그 고통을 여의는 길을 제시하신 것이다.

인간사가 대동소이하다 하더라도 시대와 지역이 다르기 때문에 있던 병이 없어지고 없던 병이 생길 수도 있는 것처럼, 경전을 통하여 부처님의 지혜에 도달하고 그 지혜로 오늘날 우리들의 병을 진단하고 처방을 내려야 할 것이다. 바로 이것이 논장(論藏)의 출현인 것이다.

수행의 길, 실천의 가르침

경전을 해석할 때는 글자에 매여서는 안 된다. 동쪽이라는 말에 의미가 있는 것이다. 앞의 그림 ①에서 A에게는 동쪽으로 가면 목적지로 갈 수 있다는 사실이 중요하다. 그리고 B의 위치에 선 사람은 이 동쪽이라는 글자에 매인다면 그는 영원히 목적지에 갈 수 없게 된다.

병을 고치기 위해서는(목적), 환자에 따라(위치), 병의 종류가 다르기 때문에 그 처방도 달라야 한다. 과거의 한 가지 처방을 만병통치약으로 사용한다면 이 약은 이미 효능이 없을 뿐만 아니라 오히려 독약이 되고 만다.

그러므로 좋은 의사가 되어야 한다. 그리하여 환자에 따라 근기에 맞는 새로운 처방을 내려야 한다.

부처님의 가르침은 실천론이기 때문에 형이상학적 문제에 대한 답을 거부한다. 우주는 영원한가, 아닌가와 같은 실재하지 않는 이야기는 어떤 결정을 내린다고 해서 그것이 진실도 아니고, 실천이나 수행에 아무런 도움도 안 되기 때문이다. 또한 그와 같은 형이상학적 관념이나 철학적 논의는 진실한 이익을 가져다 주지 못하기 때문에 아무런 이익도 없는 것이다.

부처님의 가르침은 열반에 이르는 확실한 실천론이기 때문에 불교는 고통받는 인간을 고통으로부터 건져낼 수 있는 최고의 종교라 해야 할 것이다

불교의 인생론

운명은 이미 정해진 것인가

신의 뜻인가, 전생의 업탓인가

부처님이 기원정사에 계실 때 비구들에게 말씀하셨다.

"이 세상에 세 가지 그릇된 견해를 가진 외도(外道)가 있는데, 슬기로운 사람들은 그것을 밝게 가려내어 추종하지 말아야 한다. 만약 그러한 견해를 따른다면 이 세상의 모든 것을 부정하게 될 것이다. 그러면 세 가지 그릇된 견해란 어떤 것인가?

첫째 어떤 사문이나 바라문은 '사람이 이 세상에서 경험하는 것은 괴롭든 즐겁든 모두 전생의 업에 의한 것이다'라고 말한다. 둘째 또 어떤 사람들은 '모든 것은 자재천(自在天: 색계의 정상에 있는 천신)에 의한 것이다'라고 한다. 셋째 어떤 사람들은 '인(因)도 없고 연(緣)도 없다'고 말한다.

나는 언젠가 무엇이나 전생의 업에 의한다고 주장하는 사람들을 찾아가 그 의견이 틀림없다고 생각하느냐고 물었다. 그들은 그렇다고 대답했다. 그래서 나는 '그러면 사람을 죽이거나 도둑질하거나 음행하고 거짓말하고 탐욕과 성냄과 삿된 소견을 갖는 것도 모두 전생에 지은 업에 불과할 것이다. 만약 그렇다면 이 일을 해서는 안 된다거나 이 일을 해야겠다는 의지도 노력도 소용없게 될 것이다. 그러면 어떤 자제력도 없이 마음 내키는 대로 함부로 행동하는 사람을 정당한 사문 혹은 바라문이라 하지 않겠는가' 하고 비판했다.

또 모든 것은 자재천의 뜻에 의한 것이라고 주장하는 사람들을 찾아가 '만약 당신들의 주장대로라면 살생하는 것도 자재천의 뜻이고 도둑질이나 음행이나 그릇된 소견을 갖는 것도 모두 자재천의 뜻이라는 것이다. 그렇다면 이 일을 해선 안 된다거나 이 일을 해야겠다는 의지도 노력도 소용없게 될 것이다. 그러면 어떤 자제력도 필요 없이 마음 내키는 대로 함부로 행동하는 사람을 정당한 사문 혹은 바라문이라 하지 않겠는가' 하고 비판했다.

그리고 인도 없고 연도 없다고 주장하는 사람들을 찾아가 '당신들의 주장대로면 살생하는 것에도 인과 연이 없고 그릇된 소견을 갖는 것에도 인과 연이 없을 것이다. 이처럼 모든 것에 인연이 없다고 한다면 이 일을 해서는 안 된다거나 이 일을 해야겠다는 의지도 노력도 소용없게 될 것이다. 그러면 어떤 자제력도 필요 없이 마음

내키는 대로 함부로 행동하는 사람을 정당한 사문 혹은 바라문이라 하지 않겠는가' 하고 비판했다.

비구들이여! 이것이 그와 같은 의견을 가지고 주장하는 사문이나 바라문들에 대한 나의 비판이다. 만약 그들이 주장하는 대로 행동한다면 이 세상의 모든 일은 부정되고 마침내는 커다란 혼란을 가져오게 될 것이다. 슬기로운 사람은 이와 같이 그릇된 의견을 잘 가려내어 버림받지 않도록 해야 할 것이다."

부처님은 이치로써 차근차근 설명하여 그들로 하여금 그릇된 소견을 버리고 바른 길로 돌아오게 하였다.

《중아함경》〈삼도경〉

돌아, 떠올라라

용모가 뛰어난 가미니는 이른 아침 부처님을 뵙고 여쭈었다.

"부처님, 바라문은 스스로 잘난 체하면서 하늘을 섬깁니다. 어떤 중생이 목숨을 마치면 바라문은 마음대로 죽은 이를 천상에 나도록 한다는 것입니다. 원컨대, 법의 주인이신 부처님께서도 중생들이 목숨을 마치거든 천상에 태어나게 해 주십시오."

부처님은 말씀하셨다.

"가미니여! 너에게 물을테니 아는 대로 대답하여라. 어떤 사람이 게을러서 정진하지 않고 게다가 산목숨을 죽이며, 주지 않는 것을 갖고, 사음을 행하며, 거짓말을 하고, 그릇된 소견을 갖는 등 온갖 나쁜 업을 지으면서 살았다고 하자. 그가 죽을 때 많은 사람들이 와서 '당신은 게을러 정진하지 않고 그러면서 악업만을 행했습니다. 당신은 그 인연으로 목숨이 다한 뒤에는 반드시 천상에 태어나십시오'라고 했다 하자. 가미니여, 이렇게 여러 사람이 그를 축원했다고 해서 그가 천상에 태어날 수 있겠느냐?"

"그럴 수 없습니다."

"그렇다. 게으른 그가, 더구나 온갖 나쁜 업을 지은 그가 축원을 받았다고 해서 천상에 태어날 수는 없는 것이다. 비유를 들면, 저쪽에 깊은 못이 하나 있는데 어떤 사람이 거기에 크고 무거운 돌을 던져 넣었다. 마을 사람들이 못가에 모여서 '돌아, 떠올라라' 하고 축원을 하였다. 그 크고 무거운 돌이 축원을 하였다고 그들의 소원대로 떠오를 수 있겠느냐?"

"그럴 수 없습니다."

"그렇다. 그가 천상에 태어날 수 없는 것도 이와 마찬가지다. 왜냐하면 나쁜 업은 검은 것이어서 그 갚음으로 저절로 밑으로 내려가 반드시 나쁜 곳에 떨어진 것이기 때문이다. 또 어떤 사람은 부지런히 정진하면서 묘한 법을 실행하고 온갖 착한 업을 닦는다고 하자. 그가 목숨을 마칠 때 여러 사람이 모여서 '당신은 부지런히 정진하면서 묘한 법을 실행하여 온갖 착한 업을 이루었습니다. 당신은 그 인연으로 목숨이 다한 뒤에는 반드시 나쁜 곳에 가서 지옥에 떨어지십시오'라고 저주했다면 어떻게 될까. 그가 과연 그들의 저주대로 지옥에 떨어지겠느냐?"

"그렇지 않습니다."

"그렇다. 그것은 당치도 않은 말이다. 왜냐하면 착한 업은 흰 것이어서 그 갚음으로 저절로 위로 올라가 반드시 좋은 곳에 이를 것이기 때문이다. 이를테면 기름병을 깨뜨려 연못에 던지면 부서진 병조각은 밑으로 가라앉지만, 기름은 물 위로 떠오르는 것과 같은 이치이다.

이와 같이 목숨이 다한 육신은 흩어져 까마귀와 새가 쪼아먹고 짐승들이 뜯어 먹거나, 혹은 태우거나 묻히어 마침내는 흙이 되고 만다. 그러나 그 마음의 업식(業識)만은 항상 믿음에 싸이고 정진과 보시와 지혜에 싸여 저절로 위로 올라가 좋은 곳에 나는 것이다.

가미니여! 산목숨을 죽이지 않고, 주지 않는 것을 갖지 않으며, 사음과 거짓말을 하지 않고, 사특한 소견에서 벗어나는 좋은 길이 있다. 이른바 팔정도(八正道)가 위로 오르는 길이며 좋은 곳으로 가는 길이다."

부처님께서 이와 같이 말씀하시니 가미니와 여러 비구들은 다들 기뻐하면서 받들어 행하였다.

《중아함》〈가미니경〉

업(業)

우리의 의지와 그에 따른 행위는 일체가 소멸되지 않고 우리 속에 쌓여 하나의 세력이 된다. 마치 녹음테이프가 일체의 소리를 녹음하듯 우리의 생각과 행위는 의식이 되어 저장창고에 쌓인다.

물컵에 젓가락을 넣고 저으면 아무런 변화가 없는 것 같지만, 운동에너지가 열에너지로 바뀌어 물컵의 물 온도가 오르듯이, 우리의 행위도 에너지로 변하여 의식과 잠재의식, 아뢰야식에 쌓여 우리를 지배한다. 이것을 업이라고 한다.

개별업과 공통업

업에는 개업(個業)과 공업(共業)이 있다. 개업이란 우리 각 개체가 서로 다른 차이를 나타내는 것처럼 개인의 특수한 업을 말하고, 공업이란 우리가 공통으로 안고 있는 업을 말한다.

공업에는 인간이라는 공통의 업, 한 문화권을 형성하는 민족 공통의 업, 가족 단위의 공업 등이 있다. 세분될수록 그 공업의 두께는 얇으며 인간으로서의 업, 중생으로서의 업은 우리 존재의 근저를 차지하는 공통의 동업(同業)이다.

개업의 소멸은 개인의 수행에 의해서, 공업은 그것을 함께 하는 인간들 공통의 노력에 의해서 소멸시킬 수 있다. 공업의 소멸을 위해서는 조건의 개선이 중시된다. 이러한 업은 과거에만 규정된 것도 또한 현생에만 생겨나는 것도 아니다. 먼 과거로부터 현재까지 생성, 소멸되는 것이다.

똑같은 사람이라도 한국에서 자랄 때와 미국에서 자랄 때, 아프리카에서 자랄 때는 서로 다른 인격을 형성한다. 그 차이는 현생에서 형성된 업의 차이이고, 출생이 다른 두 아이를 같은 조건에서 키웠는데도 서로 다른 것은 전생에 지은 업연의 차이이다.

윤회의 바퀴는 돌고 돈다

바다에 바람이 부는 한, 파도를 잠재울 수 없듯이 업의 바람이 부는 한, 생사의 괴로움은 되풀이될 수밖에 없다. 우리의 인생도 어머니 뱃속에서 나올 때 생겼고, 죽으면 없어지는 것이 아니라, 끝없이 생성, 소멸을 되풀이한다. 이것이 윤회(輪廻)이다.

출생부터 한번 따져 보자, 언제부터를 나라고 말할 수 있는가? 뱃속에서 완전히 나왔을 때인가, 아니면 머리가 나올 때부터인가? 어느 시간에서부터 나인가를 따지면 결국 나는 연속적인 성장이기 때문에 정자와 난자의 결합 순간에까지 이른다. 정자와 난자는 단지 하나의 세포에 불과한데 그것의 결합이 어떻게 나를 형성하는가?

마찬가지로 죽음의 순간을 보자. 어느 때부터 나의 소멸인가? 애지중지하던 육신이 참으로 나라면 죽은 시체가 되었을 때 왜 모두가 싫어하고 버리는 것일까? 영혼이 나라면 어느 순간에 나를 떠나는가? 정신을 잃은 식물인간은 살았는가, 죽었는가?

인간은 눈앞에 보이는 것에만 집착한다. 마치 동산에 떠오르는 태양을 보고 태양이 생겼다고 하고, 서산에 지는 태양을 보고 태양이 없어졌다고 하는 것과 같다. 태양은 동산에 떠오르기 전에도 있었고 서산에 진 뒤에도 존재한다. 우리의 시야에 보이는 것만 가지고 생성, 소멸을 단정해서는 안 된다.

넘실거리는 파도를 보라. 파도 하나하나는 생성, 소멸하지만 바다 전체를 보면 그것은 생성, 소멸이 아니라 단지 출렁거릴 뿐이다. 우리 인생도 이와 같다. 업력(業力)에 의해 현상계에서 생성과 소멸을 되풀이하는 윤회의 바퀴 속에 갇혀 있을 뿐이다.

그러므로 업에 의한 윤회를 믿지 않고 현생의 즐거움만으로 인생을 종결지으려는 것은 어리석은 일이다.

하루살이는 낮과 밤이 있는 줄 모르며, 내일 또다시 태양이 솟아오르리라는 것을 믿지 않을 것이다. 한 달 정도의 수명을 가진 일벌은 계절의 변화를 알지 못할 것이며, 여름 한철 살고 죽는 곤충은 사계절을 알지 못하듯이 우리 인간도 윤회를 알지 못한다. 내일이 있고 10년 후가 있기에 오늘 고생이 되더라도 열심히 노력하듯, 미래생이 계속되기에 현생을 올바르게 열심히 사는 의미가 존재한다. 윤회를 모르는 자는 하루를 설계하고 사는 하루살이와 같이 현생을 헛되이 삶으로써 현재와 미래를 다 같이 망친다. 보살이 전생에 수행을 할 때 한 마리의 비둘기를 살리기 위해, 한 마디 진리의 말씀을 듣기 위해 기꺼이 목숨을 버린 것도 모두 내일을 위한 오늘의 선행인 것이다.

자기 운명의 주인이 되자

나의 운명은 신에 의해서도, 전생의 업에 의해서도 규정되어 있지 않으며 좌우되지도 않는다. 오직 업의 힘에 따라 좌우된다.

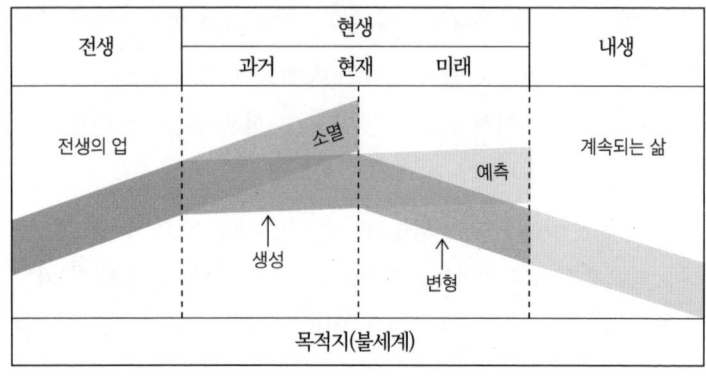

전생	현생			내생
	과거	현재	미래	
전생의 업		소멸	예측	계속되는 삶
	↑ 생성		↑ 변형	
목적지(불세계)				

① 전생의 업 → 예측되는 삶+과거에서의 노력(업의 생성, 소멸) → 방향의 수정

② 현재의 업 → 예측되는 삶+앞으로의 노력(선업 생성, 악업 소멸) → 방향의 수정 가능

③ 내생의 업 → 현생을 종결지으면서 남은 총결산의 업력

그런데 업은 끊임없이 생성, 소멸하며 변화한다. 상놈의 업도, 양반의 업도, 불변하는 근본 종자가 따로 없는 것, 단지 조건에 따라 이루어진 현상일 뿐이다.

오늘 우리가 겪는 일체의 고통도, 모순된 사회제도도 본래부터 있었던 것이 아니다. 조건에 따라 이루어진 것이기에 우리의 노력에 따라 조건을 변화시킴으로써 고통을 소멸시킬 수 있다. 누구나 노예의 업을 벗어 던지면 주인이 될 수 있다.

이제 우리는 업의 노예가 되어 끌려다닐 것이 아니라, 스스로가 업을 굴려갈 수 있는 주인이 되어야 한다.

영혼은 실재하는가

과연 불변하는 영혼이 있는가

불교에서는 영혼이라고 하는 기독교적 의미의 불멸 불변하는 심령을 인정하지 않는다.

기독교에서는 인간이 죽으면 개개인의 영혼이 있어 천국이나 혹은 지옥에 가서 영원히 기쁨과 고통을 받는다고 하고, 동물에게는 영혼이 없다고 한다. 인간을 하나님의 창조물로 보기 때문에 진화론을 인정할 수 없고, 인간은 모든 동물을 잡아먹고 부리도록 창조되었다는 것이다. 이처럼 인간 중심적이고 지배적인 사고방식이 흑인을 노예로 부리는 백인중심주의의 기독교인을 양산했는지도 모른다.

토인인 흑인은 창조물로서의 인간이 아니라 짐승이라고 생각했기에 그들은 흑인 노예를 거리낌 없이 죽일 수 있었을 것이다. 백인만이 선택받은 하나님의 창조물이고, 유색인종은 야만인이며 특히 토인은 짐승이라고 여겼기에 노예무역이 가능했던 것이다.

언젠가 TV에서 방영된 〈혹성탈출〉이라는 영화에서는 원숭이 노예들이 반란을 일으켜 역으로 인간을 지배하는 흥미로운 소재를 다루고 있었다. 이는 하나의 상상물이긴 하지만 그 가능성은 충분히 있다. 이때 그들 원숭이는 인간으로부터 해방되어서는 안 되는 것일까? 또는 이때의 원숭이에게는 영혼이 있는가, 없는가?

앞에서도 언급했지만, 인간에게만 불변하는 영혼을 인정할 때 많은 모순이 생겨난다. 유전공학의 발달로 모체의 세포를 떼어내어 똑같은 인간이 만들어진다면 그 영혼은 어디에서 오며, 정자와 난자를 갖고 실험실에서 인간이 대량생산된다면 그 영혼은 어디에서 오는가? 현생과 내생만 있다면 늘어나는 인구의 새 생명은 신의 계속되는 창조인가? 인간은 이 세상에 태어나기도 전에 죽기도 하고 어릴 때, 청년기에, 혹은 늙어서 죽기도 한다. 그리고 잘 생겼든, 못생겼든, 비록 장애를 가진 모양이라도 누구나 그 나름대로 소중한 자기 모습을 간직하고 있다. 천국에서 육신을 받을 때 도대체 어떤 모습으로 받아야 하는가? 현재의 나를 닮으면 못생겨서 불평이고, 다른 모습이면 내가 아니라서 싫지는 않을까? 특히 모태에서 1개월 내지 2개월 되어 유산된 생명은 어떻게 될까? 물론 이와 같은 물음들이 열거되는 이유는 우리 주변에서 너무나 맹목적인 믿음을 갖고 살아가는 사람들이 많기 때문이다.

신앙은 이러한 문제에서 비롯되는 것이 아니다.

신앙의 핵심은 어떻게 올바르게 살아가느냐에 있고, 그것은 종교를 달리한다 해도 마찬가지일 것이다. 그럼에도 불구하고 영혼관이 중요한 신앙의 문제가 되는 것은 인간의 무지와 공허감에서 기인한 것이며, 현재를 영원히 지속시켜 보려는 욕망에서 오기도 한다. 불교는 영혼을 인정하지 않는다고 하면 여러분 중에는 충격을 받거나 반론을 제기할 사람이 있을지도 모른다. 이 부분에 대한 기술은 부처님의 근본 가르침에 어긋나는 것 같아 쓰지 않으

려고 했으나 너무나 많은 질문을 받아 왔기에 이번 기회에 간단
히 정리해 본다.

나는 누구인가

'나'라고 인식되는 것

자신을 한번 생각해 보라. 도대체 무엇이 진정 나일까? 육신이 아
니라면 마음이 나라고 할 수 있을까? 하지만 그 마음도 수시로 변
하지 않는가? 불변하는 '나'란 무엇인가?

가치관, 부모와 형제, 친구들과 재산이나 직업 등 나를 규정하
는 모든 것들은 만일 나를 둘러싼 환경이 전혀 다른 것이었다면
지금의 모습과는 매우 달랐을지도 모르는 것이다. 결국 지금의 나
란 지금까지 나를 둘러싼 환경 속에서 만들어진 하나의 결과에
불과하다. 이처럼 나는 주체적인 나가 아니라 수동적으로 끌려온
모습인 것이다. 조건이 모임에 의해 구성된 것이므로 다시 그 조
건들이 흩어지면 나도 없어지는 깃, 그린데도 우리는 이 거짓의
나를 참 '나'라고 착각하며 살고 있다.

모든 것이 끊임없이 생성, 소멸을 거듭해도 우리의 의지와 행위
의 모임은 에너지화되어 없어지지 않은 채 업이 되어 남는다. 이

업은 비록 내가 잊어버린다 해도 나를 따라다닌다. 그래서 사람이 최면상태에 걸리면 무의식 중에 쌓여있는 과거의 생각이나 행위에 대한 기억들이 생생하게 재생되기도 한다. 문제는 이러한 업들이 모여 내가 착각하는 거짓 '나'가 만들어진다는 것이다.

육신도, 정신도 이 업의 힘에 의해 만들어지는 것이다. 불교에서는 이를 가리켜 오온(五蘊)이라 한다.

인도의 바라문교에서는 이 업으로 이루어진 거짓 나를 고정불변하는 영원한 나로 인식하고 있었다. 일반적으로 영가, 혼 혹은 영(靈)이라 부르는 것은 모두 이러한 관념에서 비롯된 것이다. 인도인들은 이를 아트만이라 규정하면서 각자의 아트만은 카르마(업)에 의해 날 때부터 규정되는 불변의 본질이라 믿었다.

그러나 부처님은 이 모든 관념을 부정하신 것이다. 아트만이란 업의 소산인 아집에 불과하며, 따라서 결코 불변하는 본질이 아니라 행위와 조건에 따른 결과에 불과하므로 생성, 소멸을 거듭하면서 변해갈 뿐임을 설파하셨다.

인간은 죽으면 업 중에서도 제8식인 아뢰야식만이 남는다. 즉 소소한 것은 모두 흩어지고, 다음 생에까지 따라다닐 핵심적인 업만 남는다고 볼 수 있다. 이때 남는 업이 바로 다음 생의 육신을 받게 되는 유(有)가 된다고 한다. 이 유(有)는 12연기에서 등장하는 개념이다. 새로운 육신은 다시 새로운 환경 속에서 새로운 업을 쌓기도 하고, 혹은 소멸되기도 하면서 변화해 간다.

본래 윤회의 원동력은 업 에너지이기 때문에 고정불변하는 어떠한 존재도 있을 수 없다. 업은 남자나 여자의 구별, 인간이나 동물의 구별도 없는 것이다. 주목해야 할 것은 새로운 생명을 받을 때, 자신의 선택의지에 따라서가 아니라 업 에너지의 힘에 따라 자신도 모르게 끌려간다는 점이다. 그래서 마치 이 세상에 내던져지듯 종속적으로 태어나는 것이다. 생각해 보면 자명한 일이다.

누구나 자신이 선택해서 온 삶이라면, 자신의 삶을 선택할 수 있었다면 아마도 많은 사람이 아예 태어나지 않았거나, 지금과는 다른 삶의 조건을 택하겠다고 대답할 것이다.

앞에서 설명한 제법무아의 무아(無我)란 바로 바라문교의 아트만이나 영혼, 거짓 나(我)를 부정한 주장이다.

업은 그릇이요, 불성은 바다

그렇다면 모든 것이 물질적 이합집산일 뿐 우리에게 불변하는 것은 아무것도 없는 것일까? 그렇지는 않다. 여기서 불교는 영원한 부처의 성품, 불성(佛性)을 제시한다. 불성이란 변하지도, 윤회하지도, 또 그 무엇에 구속받지도 않는 모든 생명의 본래 성품이라 할 수 있다.

불성은 모든 생명체 어디에나 있는 것이다. 이는 개별적으로 독립되어 있는 것이 아니라, 어디에 있든 관계없이 누구에게시나 똑같은 성품이다. 그러나 이러한 불성은 우리들의 업 에너지에 둘러싸여 있다. 업이라는 두터운 기름막에 가리워 깨끗하고 고아한 본래 면목이 숨겨져 있는 것이다. 우리들 각각의 삶이 저마다 다른 것은 모두 이 업의 차이 때문이다.

불성을 바닷물에 비유해 보자. 바닷물을 그릇에 담아보라. 그릇의 모양과 크기에 따라 담기는 물의 모양도 제각기 달라질 것이다. 또한 그릇에 담긴 바닷물을 하나로 합하려고 해도 제각기 다른 그릇들 때문에 서로 합하기가 매우 곤란하다. 우리의 업도 이와 같은 것이다. 바닷물이 불성이라면 업은 그릇에 비유된다.

따라서 저마다 다른 그릇들 때문에 본래 한 성품인 바닷물이 합해질 수 없는 것이다. 이때 그릇이 깨어지면 물은 다시 하나가 된다. 그래서 업의 그릇을 깨고 본래의 고향인 바다로 되돌아가는 일, 그것이 바로 열반에 이르는 길이다.

깨달음을 얻어 부처가 되면 내 부처, 네 부처, 석가모니 부처가 따로 있는 것이 아니라, 마치 두 그릇의 물이 하나로 모아지듯 하나의 생명으로 합해지는 것이다. 이를 법신불(法身佛)이라 한다.

모든 생명에는 하나같이 불성이 있다. 그 불성은 고정 독립된 개아(個我)가 아니며 따로따로 존재하지만 동시에 하나다. 곧 하나가 무수히 분리되기도 하지만 그와 동시에 서로 다르지 않은 하나인 것이다.

나의 진면목, 불성을 찾아라

업과 불성에 대해 생각해 보자. 매일매일 태양은 동쪽에서 떠서 서쪽으로 지고 있다. 그 태양의 뜨고 짐이 결코 생겼다가 사라지는 것이 아니듯, 우리의 태어남과 죽음도 그와 같다. 다만 지구 저편으로 기울어진 태양의 모습이 우리 시야에서 안 보이듯, 현상계에서 조건들이 흩어짐으로써 오는 죽음도 우리의 눈앞에서 보이지 않는 것에 불과하다.

따라서 생과 사를 이와 같이 인식하는 사람은 죽음을 두려워하지 않는다. 마치 늦가을 무수한 낙엽을 날려보낸 채 자신의 옷을 완전히 벗어버리고 새봄이 오면 다시 새로운 잎새들을 틔워내는 나무들의 삶과도 같이 인생도 하나의 변화에 불과한 것이다. 이 변화의 원리가 인연과이다.

하지만 이것은 시간적으로 변해가는 존재를 관찰한 것이다. 태양은 매일 뜨고 지지만, 공간적으로 보면 뜨고 지는 것이 아니라 언제나 자기 자리에서 찬란한 빛을 뿜어내고 있는 것이고, 뜨고 진다고 여기는 변화는 지구의 자전에 의해 태양빛이 보였다 안보였다 할 뿐이다. 우리 존재의 실상도 이와 같다. 공간적으로 보면 존재의 진실상인 불성도 언제나 밝게 빛나고 있다. 다만 업의 바람과 무명의 구름이 오락가락하고 있을 뿐이다.

그러므로 시간적 관점에서 보면 윤회를 하고, 구원을 받는다고 생각하지만, 공간적 관점에서 보면 윤회도 하지 않는 것이며, 누구나 이미 구원받은 존재라고 할 수 있는 것이다.

강조하지만, 불교에서는 불변하는 개별적이고 독립적인 영혼은 부정하나 불성은 인정하고 있다. 불성이란 우리 자신 밖에서 얻거나 구해질 수 있는 것이 아니다. 바로 우리 자신 속에 감추어져 있는 보물, 업에 가리워 있는 불성을 찾는 일이 참으로 중요한 일이다. 불성이란 업이 없어지면 뒤에 남는 어떤 실체가 아니다. 다만 업에 의해서 가리워진 '스스로 주인이라는 사실' '모두가 하나의 생명이라는 사실'이 밝게 드러나는 진실한 본성을 가리키는 것이다.

자기 인생을 개척하는 수행의 가르침

옛날 어리석은 농부 한 사람이 있었다. 이 농부는 농사에 대해서 무지한 사람이었다. 그는 습기가 많은 땅에 감자를 심고, 반대로 건조한 땅에 벼를 심었다. 결과는 뻔해서 감자는 썩어 버렸고, 벼는 말라 죽었다. 어리석은 농부는 자신이 기대하지 않았던 결과를 보고 하늘을 원망하며 신에게 기도를 올렸다. "신이여, 부디 감자를 심은 땅에는 물이 잘 빠지게 해주시고, 벼를 심은 땅에는 비를 내려 주소서."

길을 지나가다 농부의 기도를 들은 한 스님께서 이 농부에게 기도만 하지 말고, 감자와 벼의 성질, 그리고 토양의 조건에 맞게 농사를 지으라고 깨우쳐 주었다. 그래서 농부는 다시 농사를 지었고 결과는 보기 좋은 풍작을 거두었다고 한다. 이유는 간단한 것이다. 습한 땅에는 벼를 심고, 건조한 땅에는 감자를 심은 것이 풍작의 비결이었다.

위의 일화처럼 우리 역시 어리석은 농부마냥 인생을 살아가고 있기 때문에 나날이 고통의 연속이 되고 있다. 그것은 마치 농부가 농사에 무지해서 흉작을 맞는 이치와 다를 바 없는 것이다. 고난이 닥치면 사람들은 고통에서 벗어나고자 신에게 매달리며, 의지하려고 한다. 스스로 조건에 맞게 자신을 바꾸려고 하지는 않고, 어리석은 농부의 기도문에서 보듯 습한 땅이 건조하게 되고 마른 땅이 습하게 되는 기적을 기원하면서 말이다.

스스로 변하지 않는 한 이루어질 리 없는 허망한 소원이다. 그래서 예부터 '하늘은 스스로 돕는 자를 돕는다'고 했지, 가만히 앉아 기적이 이루어진 경우는 결코 없음을 알아야 한다. 부처님의 가르침도 이와 같다. 토질이 뒤바뀌는 기적이 없이도 농사에 대한 무지를 깨트림으로써 농부가 풍작을 거둘 수 있게 해주는 것이다. 누구의 힘에 의해서도 아닌, 오직 스스로의 힘으로 성취하게 하는 길이 부처님의 가르침에서 제시되고 있다.

이와 같이 스스로의 힘으로 인생의 밭을 기름지게 가꾸도록 하는 것이 바로 불교이다. 결론적으로 불교의 특징을 요약해 보면 다음과 같다.

첫째, 불교에서 설하는 진리는 객관적이다.

벼는 습한 땅에서 잘 자라고 감자는 건조한 땅에서 잘 자라는 이치는 누구나 다 인정할 수 있는 객관적인 사실이다. 이처럼 '눈 있는 자 와서 보라'와 같이 누구나 다 동의할 수 있는 객관적 법칙을 제시하는 것이 불교이다.

둘째, 불교의 진리는 스스로 알 수 있다.

벼나 감자의 특성, 그리고 땅의 특질은 설명만 들으면 누구나 스스로 알 수 있다. 마찬가지로 부처님의 가르침은 어떤 특정한 사람만이 이해할 수 있는 것이 아니라, 지혜를 닦는 자이면 누구나 스스로 터득할 수 있는 가르침이다.

셋째, 불교의 진리는 반드시 현실적으로 검증되며 즉시 효능을 나타낸다.

스님의 깨우침을 듣고 다시 농사를 지은 농부가 풍작을 거두었듯, 종교적 믿음이나 수행의 결과가 관념에 머물지 않고 현실적으로 검증이 되며, 먼 내세나 미래가 아니라 지금 당장의 현실 속에서 진가를 발휘하는 것이다.

마지막으로 불교의 진리는 우리를 최고 최상의 행복인 열반으로 인도한다.

풍년을 맞은 농부의 기쁨처럼 부처님의 가르침은 우리를 괴로움으로부터 벗어나 스스로 열반에 이를 수 있도록 인도하는 길잡이 역할을 한다. 이와 같이 이 세상의 그 어떤 사람도 부처님의 가르침에 따라 수행하면 스스로 자신의 올바른 길을 찾아 삶의 주인이 되는 새로운 미래를 열 수 있게 된다.

삶의 올바른 목표

나는 모든 중생의 집이 되리라
그들의 고뇌를 없애주기 위해
나는 모든 중생의 수호신이 되리라
그들의 번뇌를 끊어주기 위해
나는 모든 중생의 귀의처가 되리라
그들의 공포를 벗어날 수 있도록
나는 그들의 길잡이가 되리라
그들이 광명의 지혜를 찾을 수 있도록

《법화경》.

중생에서 부처로

생명의 근원, 불세계

불타의 본원력

불성이란 모든 생명의 본래 성품을 말한다. 각각의 불성은 서로 다르지 않으며 변하는 것도 아니다. 불성은 하나의 불세계인 법신불에서 떨어져 나온 것이기 때문에 본래의 고향은 법신불이라 할 수 있다. 삼라만상에 헤아릴 수 없이 많은 생명체가 존재하나 그 본래의 성품은 모두 불성이며, 이는 둘이 아니라 하나인 것이다.

법신불의 세계를 바다에 비유한다면 개개의 생명은 바닷물이 증발하여 대지에 떨어지는 물방울 하나하나에 비유될 수 있다. 산하대지에 떨어지는 물방울들을 보라. 이 물은 골짜기와 호수, 강이나 시냇물, 또는 양동이나 컵, 그리고 하수도 등 무수히 다양한

곳에 흩어져 존재한다. 색깔도 다르고 오염도도 다르며, 저마다 담긴 그릇에 따라 그 모양도 천차만별이다.

허나 모두 다 같은 성분으로 이루어진 물임에는 틀림없으며, 바다로 회귀하려는 공통성을 갖고 있고, 더욱이 불순물이 제거되면 똑같이 맑은 본래 그대로의 성품이 드러난다는 점이 중요하다.

생명의 본래 성품인 불성도 이와 같다. 다만 불세계로부터 떨어져 나와 어둠에 가리워 있을 뿐이고, 또 그 업의 차이에 따라 각기 다른 개체를 형성하지만, 업만 제거되면 하나의 불세계로 돌아간다. 이처럼 모든 생명이 불세계로 돌아가려는 본연의 회귀성, 이것이 바로 불타의 본원력이다.

우리 자신의 고향으로

불세계는 특별히 한계 지어진 제한이란 것이 없다. 광대무변한 바닷물이 천연덕스럽게 출렁이듯, 시간적으로 영원하며, 공간적으로 무한히, 그리고 자유자재하다. 그뿐인가? 출발이 어디이든 상관없이 바다로 회귀된 물은 모두 크나큰 대해의 품속에 녹아들어 분리될 수 없는 하나의 바닷물로 용해된다.

그러므로 불세계는 평등의 세계를 이룬다. 또한 항상 기쁨이 충만한 세계이다. 이 기쁨이란 어떤 조건에 따라 일시적으로 오는 기쁨이 아니다. 항상하며 영원한 기쁨인 것이다.

우리가 치열한 정진의 힘으로 노력해 나간다면 언제라도 갈 수 있는 곳, 그곳이 바로 원래 내가 있었던 본래의 고향이며, 반드시 돌아가지 않으면 안 되는 귀의처인 것이다.

혼돈의 현실 세계

생명의 존엄성은 실종되고

현실의 세계를 보라. 생명이란 한갓 물질의 이합집산에 따라 시간
적으로 나고 죽을 수밖에 없는 유한성을 갖고 있다.

또한 공간적으로는 무한한 우주 중의 한 점에도 못미치는 지구
상에, 그 지구상에서도 자유로이 움직일 수 있는 곳은 극히 작은
지역에 한정되고 있다.

능력면에서도 그렇다. 자기 한 몸을 제대로 간수하기도 어려운
무능력과 부자유한 느낌 속에 늘 시달리고 있지 않은가? 그럼에
도 불구하고 인간은 탐욕에 가득찬 어리석음에서 쉽게 헤어나지
못하고 있는 것이다. 물질적 욕구나 명예와 권력을 위해서, 서로
서로를 한낱 탐욕을 충족하는 도구로 여기며 다투고 있다.

재물을 축적하기 위해서 노동력을 도구로, 권력의 유지를 위해
서는 사람의 귀중한 생명을 전쟁의 소모품 정도로 업신여긴다. 생
명의 존엄성은 온데간데 없다. 다만 욕망 충족을 위한 그때그때의
소모품 정도로 사람을 대하는 시대에 우리는 살고 있는 것이다.

불평등, 불평등

인간의 역사를 약육강식의 역사라 기록하는 사람들이 많다. 이러한 약육강식의 사회에서 경쟁하며 살다 보면 수단과 방법을 가리지 않는 욕망 충족의 삶이 성공이나 출세한 삶의 표본으로 인정되기 쉽다. 날이 갈수록 우리 주변의 사회도 이러한 가치 기준이 만연하고 있음을 본다.

열심히 일하고 성실하게 사는 사람이 바보로 지탄받는 풍조, 그래서 일하지 않고 놀고먹거나 거짓되게 사는 사람이 그가 축재한 재물이나 명예, 권세만을 내세워 존경받고 인정받는 세태는 참으로 우리를 슬프게 한다.

자신의 이익을 위해서라면 뭇 생명의 죽음까지도 마다하지 않으며 남의 불행을 앞에 두고 축배를 들거나 휴가를 즐길 수도 있다. 이러한 그릇된 삶의 흐름이 역사의 발전인 양 선전되기도 한다. 그래서 사회 구성원의 대다수가 자신의 성공을 위해서라면 다른 사람의 희생을 아무렇지 않게 넘기려는 의식을 갖게 되었고, 나아가 이것이 하나의 공공연한 가치관이 되어 버렸다.

따라서 진실은 발붙일 곳을 찾지 못한 채 오히려 온갖 거짓을 합리화하는 각종 방법이 연구된다. 정의보다는 삿된 소견이 지배하고, 물질적 과소비와 향락, 이를 유혹하는 사치와 퇴폐의 문화가 거리에 넘쳐나고, 너나없이 이러한 풍조에 곁눈질을 주고 있는 것이다.

그러다 보니 많은 사람이 하루에도 수십, 수백 번 옆 사람과 부딪치며 살아가면서도 항상 홀로일 수밖에 없다는 쓸쓸한 고독감에 젖어있다. 이러한 경쟁에서 뒤처진 다수의 대중들은 형용할 수 없는 패배감이나 좌절감 속에 실의에 빠져 하루하루를 근근이, 마치 성공한 소수의 사람들을 위해 들러리 서듯 살아가고 있을 뿐이다.

곡물이 남아돌아 바닷속에 버리는 나라가 있는가 하면, 수십억의 사람들이 아직도 굶주림에 허덕이는 나라들이 있다. 물론 생산물을 내다버리는 나라의 경우, 남아돌아서라기보다 최대의 이윤을 추구하기 위한 상업주의의 본질이 숨어 있는 처사라고 봐야 할 것이다.

우리 사회의 내부도 예외는 아니다. 수백, 수천 평의 저택을 갖고도 모자라 나라 곳곳에 무수히 많은 개인 소유의 땅을 가진 사람이 있는가 하면, 가족이 살 수 있는 한 뼘의 땅이나 집조차 없어 길거리로 나앉은 사람들도 존재하고 있는 것이 우리의 현실이다.

구원의 길

생명은 존귀하다

현실의 삶이 우리를 비탄에 젖게 하고 제아무리 고통스러울지라도 이 세상의 그 어느 누구도 하찮은 생명일 수는 없다. 살아있는 그 자체로 이미 존귀하며 소중한 생명이자 삶인 것이다. 따라서 그 누구도 삶을 포기하거나 함부로 살아서는 안 된다. 이유는 아주 간단하다. 우리의 본래 성품이 청정하고 때묻지 않은 불성 그 자체이기 때문이다.

그래서 모든 생명은 존귀한 것이다. 그러므로 아무리 극한 상황일지라도 인간을 도구화해서는 안 되며, 겉으로 드러난 형상에 끄달려 사람을 차별해서도 안 된다. 생명의 본래 성품은 존엄하고 평등하며 기쁨임을 확신해야 한다.

부처님이 이 세상에 오신 이유는

세상이 혼탁해져 삿된 가치로 우리들 자신의 불성을 망각하고 있을 때, 부처님께서 이 세상에 출현하신 것이다.

"부처님은 언제 이 세상에 오시는가? 일대사인연으로 이 세상에 오신다. 중생으로 하여금 부처의 지견(知見)을 열어서 청정하게 하려고 이 세상에 출현하며, 중생으로 하여금 부처의 지견을 보게 하고자 이 세상에 출현하며, 중생으로 하여금 부처의 지견을 깨닫게 하고자 이 세상에 출현하며, 중생으로 하여금 부처의 지견에 들어가게 하고자 이 세상에 출현한다."

《법화경》

인간 스스로 본래 부처임을 망각하고 한갓 물질로 구성된 허망한 존재라고 함부로 여길 때, 부처님은 이 세상에 오신다. 이 세상에 출현하신 첫 이유가 '중생으로 하여금 부처의 지견을 열어 청정케 하려 함'이라는 것은 불쌍한 중생을 구원하러 오셨다는 것이 아니라, 바로 중생 스스로 이미 구원받은 부족함이 없는 청정한 존재임을 깨우치러 오셨다는 의미이다. 이것이 부처님이 이 세상에 오신 참뜻이다.

결국 노력하면 우리도 깨달을 수 있다는 의미로서가 아니라, 이미 구원받은 존재임을 자각하라는 것, 그래서 노력하면 도달할 수 있는 불세계가 저 멀리 따로 있지 않으며, 깨달으면 우리가 사는 이곳이 바로 극락이요, 불세계임을 알려 주시고자 부처님이 오셨다는 것이다.

진정한 깨달음이란 부처와 중생이 따로 있다는 분별심을 타파하는 것이다. 지금이라도 자기 존재의 실상을 바로 들여다보기만 하면 자신이 부처임을 자각할 수 있다. 그리하여 영원하고 무한하며 자유자재하고 평등한 존재임을 체득할 수 있다. 우리 삶에 있어 기쁨과 행복은 자연스러운 상태인 것이다.

부처를 발견하려는 원력

자신이 본래 구원받은 존재라는 믿음은 현재의 자신이 철저히 중생이라는 인식에 눈뜨게 한다.

곧 지금의 나는 부자유하며, 차별받고, 고통받고 있으며, 언제 어느 때 죽을지도 모르는 존재이며, 또한 탐욕에 눈이 어두운 보잘것없는 존재라는 현실 인식은 대단히 긴요한 것이다.

'내 자신이 본래 부처다'는 말을 두고 오욕(五慾)에 찌들어 업장이 두터운 거짓 나를 부처라 착각해서는 안 된다. 업력에 끄달리는 자신을 생불인 양 착각해서 뭇 중생을 현혹하는 자칭 도사들이 이러한 사람들일 수도 있다.

오욕의 굴레를 조금도 벗어나지 못한 채 성현의 행위를 겉으로만 흉내내어 부처님이 이 세상에 오신 참뜻까지도 왜곡시키는 잡초와도 같은 이러한 사이비 종교인들이 우리 불교계에 미치는 해독은 말로 다 형용할 수가 없으리라. 이 모든 것이 다 중생으로서의 철저한 자각심이 없기 때문이다. 중생의 고뇌를 뼈저리게 느낌으로써 열반을 향한 그리움, 구도의 발심이 용솟음치는 것이다.

이때에 비로소 참회의 눈물이 있고, 중생이라는 종속적인 사슬을 끊어버리고, 대자유인이 되고자 하는 진정한 원력이 우뚝 서는 것이다.

삼귀의

삼귀의의 의미

삼귀의란 삼보에 귀의한다는 말이다. 삼보란 이 세상에서 가장 귀중한 세 가지 보배라는 뜻으로, 불·법·승을 말한다. 불(佛)이란 부처님, 법(法)은 부처님의 가르침, 승(僧)이란 부처님의 가르침을 따르는 사람들의 모임인 승단을 가리킨다. 귀의란 돌아와 의지한다는 뜻이다.

즉 세상의 잘못된 사상, 가치관을 갖고 인생을 잘못 살아가다가 부처님의 가르침을 듣고, 부처님의 세자가 되고자 돌아와 삼보를 의지하고 살겠다는 충정 어린 맹세가 삼귀의인 것이다.

삼귀의례는 불교신자가 자신이 불교인임을 확인하고 맹세하는 과정이라 할 수 있다.

"세상의 삿된 사상을 버리고 삼보전에 돌아와 의지하오니 우리의 경례를 받으소서."

귀의불(歸依佛), 거룩한 부처님

우주의 주인, 법신불

부처님께 귀의한다는 뜻은 우리 삶의 목적을 부처가 되는 것, 즉 내가 이 우주와 내 운명의 주인이 되겠다는 의지를 담고 있다.

인생의 목표는 사람마다 제각기 다르다. 사람에 따라 대통령이 되는 것, 부귀영화를 누리는 것, 명예를 얻는 것, 인기인이 되는 것, 조촐한 행복을 구하는 것 등 헤아릴 수 없이 많다. 하지만 인생의 목표는 순간적이거나 일시적인 기쁨만으로 끝나서는 안 된다.

그것은 영원한 기쁨이어야 하며, 다시는 되돌아가거나 허물어지지 않는 금강석과도 같이 견고한 것, 항상 기쁨이 충만한 것이라야 한다. 이것이 바로 부처의 경지인 것이다. 부처의 경지에 이르는 것을 삶의 최고 목표로 삼는 것이 귀의불의 의미이다. 그 어떤 것에도 한눈팔지 않고 오직 부처가 되는 것, 즉 부처가 될 수밖에 없다는 확신을 갖고 살아가야 하는 것이다.

이 세상의 그 어떤 것에도 얽매이거나 종속되지 않고, 스스로 자신의 운명을 주관하는 우주의 주인이 되는 것을 삶의 궁극 목표로 세우는 길, 이것이야말로 법신불에 귀의하는 올바른 마음가짐이다.

지극한 본원력, 보신불

불세계에 도달하려면 우리들 각자의 노력도 중요하지만 중생의 업장이란 것이 매우 두터운 것이기에 하루라도 빨리 부처님께 기도하여 업장소멸을 위한 부처님의 가피를 입을 수 있어야 한다.

본시 우리의 생명은 언제나 착한 삶, 양심의 소리 쪽으로 기울게 마련이다. 마치 나침반의 바늘이 항상 남과 북의 방향으로 자리를 잡듯, 생명이란 우리의 본성인 불세계로 돌아가려는 회귀성을 근원적으로 갖고 있기 때문이다.

이와 함께 불세계에서도 전 우주적 차원에서 일체의 중생을 거두어들이려는 섭수의 대원력을 끊임없이 발산하고 있다.

부처님은 이 무한한 우주의 공간을 향하여 중생을 구제하려는 대원력을 끊임없이 보내고 계시는 것이다. 이처럼 우리를 양심으로 이끄는 힘, 그것이 불타의 본원력이다. 이 본원력의 힘이 존재하기 때문에 부처님께 지극정성으로 기도하면 그 가피를 입을 수 있다고 얘기하는 것이다. 이는 마치 방송국에서 보내진 전파가 각 가정의 TV 수상기에 잡혀 아름다운 화면으로 나타나는 이치와 동일하다.

간절히 기도하면 반드시 감응이 있다. 이 감응을 받으면 힘이 솟구치는 법이다. 이러한 생명의 떨림, 양심의 북소리를 일깨우는 부처님의 지극한 자비의 감응을 타고 우리는 불세계로 다가갈 수 있다. 오직 부처님의 지극한 원력에 의해서만 우리 중생들을 온갖 구속으로부터 해방시킬 수 있다는 간절한 믿음, 이것이 보신불에의 귀의이다.

이상적인 삶의 화신, 석가모니불

법신불, 보신불에 귀의한다 해도 우리의 어리석음은 무엇인가 역사적, 구체적으로 확인할 수 있는 대상을 요구한다. 중생의 업장은 너무도 두터운 탓에 양심의 감응으로 쉽게 깨어나기 어렵다. 따라서 우리들을 구제하기 위해 현실의 무대에 구체적으로 등장하셨던 분이 바로 석가모니 부처님이다. 석가모니 부처님은 우리와 똑같은 모습으로 이 세상에 오셨고 우리와 함께 살다 가시었다.

일국의 왕자로 태어나 왕궁의 부귀영화를 원 없이 누리는 안락한 생활에 빠져 있다가 우연히 민중들의 충격적인 삶의 현장을 목도하고부터 깊은 사색과 고뇌에 잠기셨다. '자신의 행복이 민중들의 고통 위에 서 있다는 사실, 왕이 된다는 것은 결국 모든 사람을 행복하게 하는 길이 될 수 없으며, 도리어 그들의 불행을 딛고 사는 일이라는 것'을 깨달으신 부처님은 드디어 결단하신다.

그리하여 전도된 가치관과 기존의 기득권으로 상징되는 왕궁을 미련 없이 버리고, 만인의 행복을 위한 출가, 곧 무소유의 가치관을 실천하는 삶의 길을 떠나셨다. 숱한 고난과 시련의 여정 속에서 마침내 하늘 위 하늘 아래 그 무엇과도 비교할 수 없는 진리의 완성자, 부처님으로 거듭나신 것이다.

이처럼 우리에게 부처 되는 과정을 직접, 있는 그대로 보여주심으로써 빈부, 남녀, 귀천에 관계없이 올바른 가치관을 지주로 삼으면 누구나 그대로의 모습으로 부처가 될 수 있다는 희망을 제시하신 것이다. 부처님의 삶을 통해 우리는 우리 운명의 주인이며, 우주의 주인이 될 수 있으며, 또한 역사와 사회의 주인이 되는 삶으로 거듭날 수 있는 존재임을 확인할 수 있다.

석가모니 부처님이 보여주신 삶의 여정은 우리도 그분을 닮아 배우면 반드시 불세계에 이르리라는 믿음을 보다 현실감 있게 해 주었다. 바로 이것이 석가모니 부처님이 이 세상에 오신 참뜻이다. 따라서 우리 역시 부처님의 삶을 가장 올바른 삶, 이상적인 삶의 귀감으로 받들고 그분의 삶을 좇아가고자 노력하는 구도의 자세가 필요하다.

석가모니 부처님이야말로 올바른 삶의 길을 인도하시는 스승의 표상이라는 믿음, 이것이 화신불에의 귀의이다.

결론적으로 귀의불의 의미를 총괄하면 다음과 같다.

부처가 되어 자기 운명과 우주의 주인이 되는 길을 삶의 목표로 잡고, 부처님의 원력에 힘입어 모든 억압과 구속으로부터 벗어날 수 있다는 간절한 신앙의 자세를 갖고, 이상적 삶의 길로 우리를 인도하시는 부처님을 따르겠다는 지극한 맹세로서 무릎 꿇고 고개 숙이는 마음의 자세가 귀의불이다.

"거룩한 부처님께 귀의합니다. 부처님만을 우리의 유일한 교주로 섬기오며 그분의 원력에 의해서만 모든 굴레로부터 해방될 수 있기를 믿으며, 불세계는 우리가 이룩하고자 하는 최종의 목적지임을 굳게 믿습니다."

귀의법(歸依法), 진리의 가르침

경장(經藏)에 대한 믿음

부처님의 가르침에 귀의한다는 것은 부처님의 가르침이야말로 불세계로 이르는 최선의 방법임을 굳게 믿는다는 것을 의미한다. 정상에 오른 자만이 산·아래를 굽어보며 정상에 이르는 최선의 방법을 가장 잘 설명해 줄 수 있는 법이다. 그와 같이 깨달음의 정상에 오르신 부처님만이 그에 이르는 가장 확실한 길을 제시해 줄 수 있다.

우리들이 살고 있는 세계가 고통스럽게 다가오는 원인과 그 고통의 해결 방법, 그리고 불세계에 도달하는 제 방편 등을 소상하면서도 명쾌하게 밝혀주고 있는 것이 바로 경장이라 하겠다. 무릇 존재란 서로 연관되어 원인과 결과에 의해서 끊임없이 변화한다. 그렇기 때문에 그 어떤 것이든 믿고 의지해야 할 근본적인 실체란 존재하지 않는다.

따라서 현란하게 눈을 어지럽히는 현상계에 유혹되어 일시적인 쾌락에 빠지지 말고 진실의 세계, 영원의 가치 추구를 향해 삶을 영위하는 일이 매우 소중하다.

이러한 자세를 진지하게 유지하는 것, 이것이 경장에 대한 믿음이며, 귀의법의 출발이다.

율장(律藏)에 대한 믿음

진리를 추구하는 삶의 진정한 가치는 무엇일까?

두말할 것도 없이 부처님께서 제시하신 가치 기준으로, 그에 의지하며 살아가는 것이다. 불교의 가치관은 생명을 존중하며, 인간의 자유와 평등, 그리고 더불어 누리는 행복을 이상 사회의 덕목으로 간주하고 있다. 이를 구체화한 것이 오계를 중심으로 한 율장이다. 오계란 불교의 기본 계율이다.

일체의 행위는 업을 짓는다고 보는 것이 불교적 관점이다. 따라서 우리는 더이상의 죄업을 짓지 않고 복을 닦을 수 있도록 부처님이 제시하신 삶의 기준, 올바른 가치관과 그를 구현할 수 있는 행위의 규범을 따르려는 맹세를 다질 필요가 있다. 오직 이러한 다짐과 실천에 의해서만 구경(究境)의 경지에 도달할 수 있다. 이에 대한 확고한 믿음이 바로 율장에의 귀의이다.

논장(論藏)

진리의 표현은 언제나 역사성을 갖기 마련이다. 진리는 불변하지만 시대와 지역의 특성에 따라 저마다 이해가 달라질 수 있기 때문이다. 따라서 그 시대와 조건에 맞게, 즉 언어와 풍속, 가치관 등에 비추어 부처님의 가르침을 적절하게 적용해야만 한다. 상황의 변화에도 불구하고, 처음 원칙만을 고수하면 법집(法執)에 빠지고 현실 상황의 적응에만 급급하면 도리어 가르침이 왜곡되기 쉽다.

깨달음을 얻은 보살은 부처님과 같은 지혜로운 안목으로 사물을 보고, 그 상황에 맞는 올바른 가르침을 경과 율에 의거해서 새롭게 펼칠 수 있어야 하는 것이다. 그러므로 보살이나 조사들과 같은 여러 성현들의 말씀을 논장이라 하여 이 또한 부처님의 말씀과 다를 바 없는 진리로서 받아들여지고 있다.

귀의법의 의미를 총괄하면 다음과 같다.

부처님의 가르침은 불세계에 도달하는 최선의 방법임을 믿고, 또한 모든 가르침은 진리의 길임을 믿어, 제시하는 가치관이야말로 우리가 의지하고 행동해야 할 절대적 기준이며, 가르침은 방편이기 때문에 매 상황에 따른 여러 보살들의 가르침도 진리인 것이다.

"진리의 가르침에 귀의합니다. 부처님의 가르침은 곧 진리의 길임을 믿으며, 우리 삶의 최고 가치임을 확신하고, 불세계에 이르는 최선의 방법임을 굳게 믿습니다."

귀의승(歸依僧), 화합의 공동체

함께하는 승단

승단은 무엇인가? 삶의 목적이 있고 그에 이르는 길이 있다고 해
도 실제 그곳에 이르는 주체는 다름 아닌 바로 우리 자신이다. 따
라서 우리는 참으로 열심히 수행하지 않으면 안 된다. 그러나 이
수행의 길이란 현실의 물줄기를 되돌리는 일, 그래서 물살을 거
슬러 헤엄치는 것과 마찬가지로 대단히 힘겨운 과정을 수반하게
된다.

때문에 확고한 믿음이 부족할 때 여간 힘드는 일이 아니다. 그
러다 보면 중도에 포기해 버리거나, 목적지 자체에 대한 회의가
밀려오기도 하는 것이다. 목적과 방법이 별다른 의미가 없는 것으
로 느껴지기도 한다. 따라서 이러한 힘겨운 과정 속에 무엇보다
질대적으로 필요한 것이 함께 수행할 도반들과 이를 이끌어 줄
스승의 존재이다. 이를 충족시키는 공동체가 바로 승가이다.

신심 있는 사람의 기도에는 부처님의 감응이 절로 따른다. 하지
만 보통의 사람들은 이 믿음이 투철하지 못한 까닭에 현실 속에

서 적절한 지도를 받을 수 있는 스승의 존재가 매우 긴요한 역할을 한다.

사실 경험 있고 지혜가 열린, 깨어있는 스승이 함께할 때 그만큼 구도의 길은 쉬워지는 법이다. 또한 이 구도의 길을 함께 수행하고, 동일한 목적하에 공동생활을 하는 도반 간의 관계가 있음으로써, 서로 위로하고 서로 비판하며 서로 가르치고 배우며, 앞에서 끌어주고 뒤에서 밀어주는 힘과 자극이 지속될 수 있다.

이 힘과 자극을 통해 위안을 받거나, 독려가 되어 목적지를 향해 한 발 한 발 전진해 나가는 것이다. 승가란 우리가 지향해야 할 공동체의 표본이다.

승가에 대한 절대적 귀의

승가는 도반들의 모임인 공동체이다. 때문에 어떠한 경우라도 이 공동체를 함부로 비방하거나, 헐뜯어서는 안 된다. 이 승가의 구성원은 자신의 소속감을 늘 확인하면서 공동체의 유지, 발전을 위해 솔선해서 노력하는 자세가 중요하다.

항상 공생활을 사생활에 우선해야 하며, 공동체 전체의 이익을 사사로운 개인의 이익보다 중요시하며, 공중의 물건을 절약하고 소중히 사용하는 정신이 몸에 배어야 한다. 이처럼 승가에 대한 절대적 신뢰가 귀의승 본연의 뜻이다.

한편 승단의 지도부는 사상적으로 대중을 올바르게 이끌어야 하며, 삿된 생각이나 사사로운 이익을 위해 지도력을 작용해서는 안 된다. 승가 공동체를 올바르게 운영, 유지하기 위해 지도부가 유의해야 할 세 가지 조건이 있다.

첫째가 무소유 정신이다. 재물, 명예, 그 어떤 것이든 지도부가 소유하거나 독점하는 것은 크나큰 해악을 부른다. 오직 바른 가르침인 법을 위하여 일체를 대중에게 회향하는 실천이 바른 자세이다.

둘째는 대중을 내려다보며 지도를 지배로 혼동해서는 안 된다는 점이다. 이는 대중을 스스로 수행의 주체로 일깨우지도 못하며, 공동체의 대다수 성원을 종속적인 존재로 전락하게 만드는 것이므로 끊임없이 경계해야 하는 일이다. 항상 도반으로서 대등한 만남을 유지하는 것이 청정한 승가의 핵심이다.

끝으로 지도부도 청정해야 하며 마찬가지로 대중 또한 청정해야 한다. 양자가 서로 청정을 향한 지속적인 자기 성찰이 이루어질 때 승가 전체가 항시 청정함의 빛을 발할 수 있는 법이다. 이 빛이 있을 때 대중으로부터의 전폭적인 지지가 따른다는 사실을 유념해야 한다.

또한 승가는 불세계를 몸소 구현할 현실적 집단이며 따라서 중생들의 염원을 한 몸에 받는 귀의처이다. 따라서 개인적으로는 부처님의 가르침을 올바로 배우고 익혀서 열심히 수행, 정진해야 한다. 동시에 그 가르침을 보다 많은 중생의 이익을 위해 사회에 실현시키는 일에 소명의식을 갖고 임해야 한다.

결국 승가란 중생을 구제할 원력을 가진 보살의 모임이어야 하고, 궁극적으로는 이 지상에 불국세계를 구현할 하나의 모체이기도 하다. 이러한 승가에 대한 치열한 믿음, 이것이 귀의승이다.

공동체의 생활 원리, 육화합(六和合)

승가는 지도급에 속하는 비구(남자 수행승), 비구니(여자 수행승)
와 신자인 우바새(남자 재가신도), 우바이(여자 재가신도)의 사부
대중을 주성원으로 하고 있다. 이 공동체는 본시 절대 평등과 화
합의 꽃이 시들지 않는 아름다운 모임이다. 이념과 방법을 같이
하는 사람들이므로 결코 불화나 불평등이란 있을 수 없다. 부처님
은 이러한 승가 내의 화합을 항상적으로 유지하기 위한 여섯 가
지 방법을 제시하셨다. 이를 육화합 정신이라 한다.

첫째, 같은 계를 같이 지켜라.

계는 올바른 가치 기준이며, 행위의 규범이기 때문에 자신과 다
른 사람을 동시에 열반으로 인도하는 길이다. 계를 지킴에 있어서
지위와 명성에 연연하여 편의대로 바꾼다든지, 솔선해서 지키기
를 회피해서는 안 된다. 모름지기 한 집단의 불화는 같은 계를 함
께 지키고, 그 과오에 대한 책임을 공평하게 적용하지 않을 때 시
작되는 법이다.

오늘 우리 사회에 만연한 불만과 불신의 늪 또한 이 문제로부터
비롯된다고 볼 수 있다. 모든 국민에게 법률이 공평하게 적용되지
않기 때문에 '유전무죄 무전유죄'라는 유행어까지 나올 정도가 되
었다. 따라서 나름대로의 목적을 갖고 모인 집단의 경우, 그 목적
이 의로운 일일수록 참가하는 전 성원들에게 규율을 공평히 적용

하는 일은 그 집단의 생명력이 될 만큼 매우 중요한 것이다.

집단의 말단에 있을 때는 공평한 적용을 주장했던 사람도 지도자의 위치에 오르면 도리어 규율을 무시하는 일이 종종 있는데 이는 자기 자신은 물론이고 그 집단에까지 파국을 부르기 쉽다.

둘째, 의견을 같이 맞추어라.

공동체의 성원들은 이념과 방법상에 있어, 동일한 견해를 가질 수 있어야 한다. 물론 사람이 각기 다르기 때문에 같은 성원이라도 서로 다른 견해를 일시적으로 가질 수는 있다. 그러나 이 견해의 차이가 한쪽을 묵살한다든가 반발하는 쪽으로 결과지어서는 안 된다는 얘기다.

견해가 다를 때는 충분히 논의를 해서 '진정 무엇이 옳은 견해인가'를 토론하는 진지함이 필요하다. 가능한 한 서로 간에 충분한 의견 개진과 접근을 모색하는 과정에 아낌없이 투자해야 한다. 이와는 반대로 시간이 없다는 이유로 한두 사람의 일방적 의견이 강제되는 분위기라면 이미 살아있는 공동체가 되기 어렵고, 자칫하면 시비와 불신의 골이 깊어질 따름이다.

셋째, 보시받은 공양물은 똑같이 나누어라.

이는 공동체 내의 경제적 평등분배를 의미한다. 집단의 수입과 지출은 항시 공개적으로 운영하며, 예산 편성 시 모든 대중의 의견이 충분히 수렴되도록 하는 구조가 필요하다. 또한 공양받은 보시물은 누구에게 들어왔든 관계없이, 용도에 따라 혹은 필요한 사람에게 사용되도록 하고, 어느 누구도 불평이 없도록 공평하게 나누어 쓰는 것이 좋다.

아무리 좋은 뜻으로 뭉쳤다 하더라도 경제적 분배가 불평등하고, 그 사용 용도가 불투명하면 불신과 불화가 일어나는 것은 자연발생적인 일이기 때문이다. 이런 상태에서 아무리 화합과 단결을 주장해 봐야 소용이 없는 일이다. 근원적 치유책은 다만 재정을 있는 그대로 공개하고, 평등한 분배를 민주적으로 실현하는 것뿐이다.

넷째, 같은 장소에 모여 같이 살아라.

사람이란 말과 속마음, 또 행위가 따로따로 움직이기 쉬운 법이다. 따라서 공동체 생활 속에서만이 그 행위의 진실성을 객관적으로 검증받을 수 있다. 말은 사리가 맞지만 속마음은 따로 있고, 나아가 행동은 자기 위주의 제멋대로라면 공동체 내의 진실한 도반이 되기에는 부족한 사람이다.

그 때문에 스스로의 삶을 공개함으로써 대중으로부터 잘못을 지적받을 수 있고, 또 이 지적을 흔쾌히 받아들임으로써 상호 신뢰를 높여갈 수 있는 것이다. 이 과정을 통해 도반 간의 신뢰는 깊어 간다. 그리고 신뢰의 거름 위에서만이 화합의 열매가 거두어지는 것이다.

다섯째, 서로 자비롭게 말하라.

말은 때로 독이 묻은 화살보다도, 날이 시퍼런 칼날보다도 사람의 마음에 깊은 상처를 준다. 그러므로 쓸데없는 말, 함부로 하는 말 등은 하나같이 대상에게 오해를 불러일으키기 쉽고 불신에다,

심하면 분쟁까지 초래한다.

따라서 공동체의 성원들은 늘 말에 조심하는 마음가짐이 수행되어야 한다. 자신의 마음을 전달하되, 자비롭게 말하는 것이 중요하다. 이는 대상의 눈치를 본다거나 상대에게 듣기 좋은 말이나 아첨하는 경우와는 전혀 다르다.

표현을 올바르게 하라는 것이다. 단 자신의 생각을 전달할 때 '과연 이것이 올바른 생각인가, 나의 사사로운 이기심 때문은 아닌가'를 늘 성찰한다면 금상첨화일 것이다.

여섯째, 남의 뜻을 존중하라.

자신의 주장이 옳다 해도 스스로 자각하지 못하는 사이, 그 주장이 아집의 소산인 경우가 많다. 따라서 상대가 나보다 어리고, 수준이 낮은 사람이라 해도 결코 무시해선 안 된다. 오히려 상대의 뜻을 경청해서 옳다고 판단되면 흔쾌히 받아들여라. 만일 상대의 잘못이 있으면 이해할 수 있도록 친절히 설명해 주면 될 것이다.

반대로 자신보다 높은 지위에 있는 사람이라 해서 무조건 추종해서도 안 되며, 항상 그것이 올바른 길인가를 되짚어 받아늘이는 것이 매우 중요하다. 따라서 윗사람과 아랫사람을 올바른 기준을 두고 제대로 대하는 일은 쉽지 않다. 그러므로 항시 열려있는 마음, 깨어있는 자세가 단련되어야 하는 것이다.

"위대한 승가에 귀의합니다. 승가는 우리의 현실적 귀의처이며,

중생을 구원할 원력을 가진 보살중이며, 불세계로 인도하는 최선의 공동체임을 굳게 믿습니다."

삼귀의례는 불교신자의 가장 중요한 근본 맹세이다.

이는 삶의 목적을 불세계로 둔다는 이념의 확인이기도 하고, 그에 이르는 방법을 부처님의 가르침에 의지한다는 방편의 확인이며, 나아가 그것을 실천하는 도반들의 모임인 승가에 절대적 신뢰를 표하면서 공동체의 일원으로 새로운 삶을 살겠다는 다짐이기도 하다.

따라서 불교의 모든 법회나 행사에서는 늘 이 삼귀의례를 행함으로써 서로 간에 다짐을 재차 확인하는 것이다. 또한 삼귀의례는 신자가 되는 불자들의 첫번째 맹세이기도 하다. 그러므로 삼귀의례를 할 때는 형식적인 태도로 임해서는 원래의 뜻에 위배된다. 이는 불교인의 출발이자 끝이고 전부인 것이기에 언제 어디서나 마음속으로 자신을 갈고 닦는 탁마제로 확인해야 하는 것이다.

불교적 삶의 가치구현

차라리 이 입으로
벌겋게 달은 쇳덩이를 삼킬지언정
계 받은 몸으로 거짓을 말하지는 않겠습니다.

차라리 이 몸을
훨훨 타오르는 불구덩이나, 날카로운 칼날 위에 던질지언정
계 받은 몸으로 부정한 음행을 하지는 않겠습니다.

차라리 이 몸이
끓는 가마솥에 들어가 있을지언정
계 받은 몸으로 남의 재물을 훔치지는 않겠습니다.

차라리 쇠망치로 이 몸을 부수어
머리에서 발끝까지 가루를 만들지언정
계 받은 몸으로 생명을 해치지는 않겠습니다.

〈불설법맘경〉

올바른 삶의 가치 기준

계(戒)란 무엇인가

함께 행복해지는 삶

우리 사회는 자신의 이익을 위하여 타인을 고통 속으로 밀어넣는 구조로 이루어지고 있다. 자신의 부와 권력을 위해서는 필연적으로 타인의 부와 권력을 빼앗지 않을 수 없는 피라미드의 구조인 셈이다.

사람들은 저마다 이 구조 속에서 서로 피라미드의 꼭대기로 올라서고자 경쟁하고 부딪치면서 다른 사람들을 냉혹하게 피라미드의 하부로 밀어뜨리고 있다. 이는 너나없이 보다 많이 소유해야만 삶의 안락이 보장되리라는 탐욕적 가치에 중독된 채 그에 종속되어 있기 때문이다.

이와는 달리 나와 타인이 함께 평등성을 실현하기 위한 무소유의 가치가 있다. 이 무소유의 가치에 입각하여 우리의 현실적 삶에 구체적 가치 기준을 설정한 것이 다름 아닌 계라 말할 수 있다. 즉 계란 나와 타인이 함께 행복할 수 있는 구체적 가치 기준이다.

그러므로 이는 일반적인 윤리나 법조문과는 크게 다르다.

소위, 윤리란 인간이면 마땅히 지켜야 할 도리이며 질서 있는 사회구조와 인간관계를 유지시키는 기본 가치일 수 있다. 하지만 그러한 질서와 규율은 어떤 사람의 시각에서 만들어진 것일까? 현재까지 그 잔재로 인해 해악을 끼치고 있는 조선시대의 칠거지악 사례를 본다면 그 당시에는 철옹성과도 같은 윤리 덕목이었다. 그러나 이는 근본적 관점에서 보면 남성 우위의 가부장제 사회에서 남성들의 권위를 유지하기 위해 확립된 비인간적이며 불평등한 윤리였던 것이다.

또한 고대사회 이래 사회의 지배질서나 윤리란 것도 알고 보면 대개가 그 제도에서 기득권을 갖고 있는 소수의 사람들을 위한 지배질서의 산물이었음을 부인할 수 없다. 양반과 상민의 차별, 문관과 무관의 차별, 적자와 서자 간 차별 등의 제 윤리란 오히려 많은 사람들의 창의성을 억압하고, 삶의 행로에 적지 않은 영향을 미치며, 특정인과 특정 세력의 이익만을 도모하여 결과적으로 개인의 발전뿐만 아니라 국가 발전에까지 부정적으로 작용했던 사례가 많았던 것이다.

현대사회의 법조문 역시 다를 것이 없다. 모든 사람들의 안락과 행복을 위한 질서 보장과 공정성 확립의 차원에서 작용하는 것이 법이지만 이 또한 절대적인 것이 아니며, 따라서 매 시대에 따라 변화된 윤리와 큰 차이가 없는 것이다.

결국 법도 한 사회 내에서, 나아가 나라 간에 서로 다른 각기의 이익에 따라 개정도 하고 고수도 하는 것 외에 다름 아니다.

왜냐하면 인간 사회에서의 법이란 소위 통치자들이나 정치에 힘을 행사하는 조건에 있는 사람들의 이익에 맞게 움직일 수밖에 없기 때문이다. 잘못하면 어느 나라를 막론하고 법이란 것이 민주주의의 장애물, 즉 소수의 이익 확대만을 추구하는 확고한 기반으로 작용하기 쉬운 것이다.

따라서 윤리나 법률은 어느 시대건 간에 전체의 질서와 행복이라는 미명 하에 소수를 위한 탐욕적인 가치의 표상으로 전도되기 쉽다. 그래서 비록 소수는 안락을 얻을 수 있을지라도 사실 그 자체가 이미 불안한 일이며, 죄업이고 더구나 다수의 사람들을 고통스럽게 하는 일이기 때문에 결코 다함께 행복해질 수 없는 것이다.

부처님은 이러한 윤리나 법의 허상과 그 한계를 여실히 통찰하셨다. 그리하여 모두가 함께 행복을 누릴 수 있는 구체적인 가치로서 계를 제시하신 것이다. 계는 무소유에 입각하여 절대적 가치인 생명을 기준으로 삼았기에 우리들 삶의 절대적 가치 기준이 된다.

그러므로 현실의 사회 속에서 저질러지는 모든 악의 근원은 오

로지 이 계에 의거하여 척결되어갈 때 비로소 그 근본적인 치유
나 해결이 가능하다고 믿는다.

주체적인 삶의 지표

계행이란 결코 구속이나 강제는 아니다. 이를 구속이나 강제로 받
아들인다면 그것은 계의 정신을 부정하기 때문에 일어나는 것이
다. 즉 계를 마치 단순히 윤리 덕목이나 개인의 자유로운 삶을 편
의상 규제하는 규율 정도로 생각하는 것은 잘못이다. 계는 부처님
께 귀의한 사람이면 누구나, 혹은 올바른 삶을 살고자 하는 사람
이라면 응당히 받아들이고 지켜야 할 가치의 기준으로서 행동의
지표가 되는 것이다.

계는 오탁악세를 헤쳐가는 구원의 밧줄이며 구명정과도 같다.
그토록 소중한 것이다. 과거의 악업을 되풀이하지 않고, 나와 남
이 함께 선업을 쌓아 고통을 극복하고 불세계로 가기 위한 행동
의 가치 기준이 바로 계이다. 따라서 계를 받아 지킨다는 것은 중
요한 다짐과 결의가 전제되는 것이다.

첫째로는 계의 가르침이 최선의 가치라는 사상에 동의하는 것
이고, 둘째로는 그 가치를 반드시 실천하겠다는 행동에 대한 맹세
를 하는 것이다. 따라서 구속이 아닌 완전한 자유를 찾기 위해 선
택한 능동적 자세이므로 구속이 아니라 자유를 안겨다 주는 것이
다. 그러므로 불자라면 모름지기 계를 어겼을 때 반드시 참회하고
항시 계를 지키기 위해 노력해야 한다.

부처님의 최후 가르침

부처님께서 열반에 들기 직전 당부하신 최후의 말씀은 부처님이
계시지 않은 현재의 우리에게 매우 큰 관심의 대상이 되지 않을
수 없다.

"수행자들이여!
저마다 자신을 등불로 삼고 자신을 의지하라,
모두들 진리를 등불로 삼고 진리를 의지하라.
여래는 육신이 아니라 깨달음의 지혜다,
육신은 여기에서 없어지더라도 깨달음의 지혜는
영원히 진리와 깨달음의 길에 살아 있을 것이다.
내가 간 후에는 내가 말한 가르침이 곧 너희들의 스승이 될 것이다,
내 가르침을 중심으로 화합하고 존경하며 다투지 말라,
모든 것은 덧없다, 게으르지 말고 부지런히 정진하라."

'자기 자신을 등불로 삼고 자신을 의지하라'는 다른 말로 자등
명(自燈明)이라 한다. 여기서 말하는 자기란 우리가 일반적으로
생각하는 나를 가리키는 것이 아니다. 자기란 나의 본성인 불성을
의미한다.

구도자란 사상, 학문 등의 대상에 집착하고 눈에 가리워 참다운

진실을 보지 못할 때가 있으니, 항시 자기의 본성에 비추어 밝게 바라보아야 함을 일깨우는 표현이다.

자기 본성에 대한 의지는 올바르게 살려는 구도적 열정이 있을 때만 가능한 법이다. '진리를 등불로 삼고 진리에 의지하라' 즉 법등명(法燈明)에서의 진리란 바로 부처님의 가르침이며 우주 만법의 근본을 말한다. 부처님께서 당부하신 화합의 뜻은 앞에서 얘기한 육화합 정신을 가리키고 '여래의 깨달음'이란 법신불로서 이 온 우주에 충만해 있음을 보라는 것이다.

'가르침이 곧 너희들의 스승이 된다'는 뜻은 부처님께서 열반에 드신 후 우리가 스승으로 여기고 의지할 것은 부처님의 가르침이 되리라는 유훈이시다. 여기서 가르침이라 할 때 보통 계를 의미하는 것으로 번역한다. 이계위사(以戒爲師)하라, 곧 계를 스승으로 삼으라. 부처님께서 열반에 드신 후 많은 세월이 흘렀을지라도 기필코 변함없이 의지할 것은 이 계이다. 그러므로 불교인이라면 반드시 계를 받아 지켜야 한다.

계는 불교의 순수성을 유지해 주는 빛이다. 부처님의 정법을 오늘날까지 그대로 유지하는 데 있어 이 계만큼 공헌도가 큰 것은 없다 해도 과언이 아니다. 왜냐하면 계는 인생에 있어 필수적인 올바른 삶의 가치 기준이기 때문이다. 따라서 계가 허물어질 때 불교가 쇠퇴하는 것이며, 계행이 청정한 동안은 정법이 아름답게 유지되었다. 무너진 계가 다시 서는 날 정법은 다시 일으켜지리란 믿음도 이에 의거한다.

끝으로 '제행무상 불방일 정진(諸行無常 不放逸 精進)하라'

참으로 제자들에 대한 애틋한 사랑과 엄한 충고가 함축적으로 서려 있는 유훈이다. 계행을 지키면서 잠시라도 게으름을 피우지 말고, 부지런히 노력하라는 부처님의 최후의 말씀, 최후의 유훈을 깊이 받들어 가슴 깊이 새겨야 한다.

계에 대한 올바른 이해

계는 모두가 더불어 행복한 삶을 누리기 위한 올바른 가치 기준이다. 따라서 계를 올바로 이해하려면 그 드러난 언어의 자구에만 매달리지 말고 불교의 근본사상에 비추어서 왜 그와 같은 계가 설해졌는가를 생각해 보아야 한다.

그러므로 계를 올바로 이해하는 데는 무엇보다도 다음의 세 가지 성격을 분명히 알아야 한다.

계의 상징성

여기에서는 오계 가운데 하나인 불음주계(不飮酒戒)를 예로 들어 생각해 보자.

계란 본래 구체적인 사실을 설명하고 있지만 생활의 일거수일

투족에 대해 일일이 규정을 해놓는다면 도리어 잡다한 생각만이 들고 계의 중요성마저 상실되기 쉽다. 따라서 중요한 계일수록 생활의 공통되는 부분들 가운데 사람들에게 가장 광범위하게 알려지고, 누구나 그 문제점을 공통적으로 알고 있으며, 아주 쉽게 이해할 수 있게 대표적인 것을 선택하여 규정하게 된다.

이로부터 계의 상징성이 비롯된다. 그렇다면 불음주계에서 술이 상징하는 것은 무엇일까? 인도 당시에는 이 술로 인한 폐해가 이루 말로 다할 수 없을 지경이었다고 한다. 술로 인해서 사람들의 삶이 평안하지 못했고, 사회가 안정을 유지하기 힘들었다.

여기서의 술이란 한마디로 중독성 물질을 가리킨다. 인도 당시와는 달리 오늘날은 술만이 중독성 물질이라 하기엔 부족한 감이 든다. 아편, 마리화나, 코카인, 담배와 온갖 환각제 등 이로 인한 사람들의 중독과 그에 따른 삶의 피폐화는 그 어느 때보다 심각한 실정이다.

따라서 계의 상징성을 올바로 이해한다고 할 때 불음주계를 단순히 술을 마시지 않거나 혹은 술에 중독되지 않으면 되는 것쯤으로 이해해선 안 된다. 즉 구체적으로 한가지 계가 있다고 할 때 그 계의 표현 속에 담고 있는 상징성을 끄집어내지 못하면 계가 갖고 있는 근본적인 의미를 전혀 모를 수도 있는 것이다. 이와 같이 계는 가장 구체적이며 또한 가장 상징적인 것이다.

계의 역사성

절대적 가치 기준인 계라 할지라도 그것이 언어로 표현된 이상 역사적인 한계성을 피할 길은 없다. 따라서 계도 어쩔 수 없이 상대성을 갖기 마련이다. 하지만 그 때문에 계의 근본적인 의미가 축소되거나 상대적인 것으로 한정되지는 않는다. 인간 사회는 끊임없이 변화해 왔고, 그 때문에 인간을 고통에 빠트리고 속박하는 조건들도 소멸과 생성을 거듭해 온 것이다.

이로 인해 계는 역사성을 갖지 않을 수 없다. 따라서 계를 올바로 이해하기 위해서는 계가 만들어진 사회를 정확하게 알지 않으면 안 된다. 가령 같은 종류의 금기사항일지라도 사회에 따라서 가장 대표적인 행위는 달라질 수 있는 것이기 때문이다.

불음주계가 생겨난 당시 인도에선 술이 인간을 중독시키고, 비인간적인 행위를 조장하는 가장 대표적인 것이었고, 술에 취함으로 해서 올바른 삶을 망각하고 악행을 유발하는 중요한 동기를 만들었던 것이다. 하지만 오늘날에는 저질 오락물도 술과 마찬가지로 크나큰 중독성을 갖고 있다.

그 때문에 계의 역사성에 입각해서 보면 술이나 기타 중독성 물질만을 섭취하지 않으면 되는 것이 아니라 우리의 정신을 중독시키는 일체의 문화 능에 대한 경계까지 불음주계의 범주에 속하는 것이다.

계의 단정적 표현

참으로 불가피한 상황에서는 파계 행위가 문제시되지 않을 수 있다. 그러나 한두 번의 파계가 습관화되어 항시 변명으로 흐를 소지가 있는 것을 미리 우려하여 계를 언급할 때는 단정적인 표현, 즉 강한 금기로서 명문화된 것이다. 이를테면 술은 조금 먹으면 취한 상태도 아니며 아무런 문제도 일으키지 않는다. 조금 먹는 술이 잘못될 리는 없는 것이다.

하지만 조금씩 먹던 술이 습관화되어 익숙해지다 보면 어느새 주량은 늘게 마련이고 이때부터는 어느 정도 취했는지를 자신도 가늠하기 어렵게 된다. 문제를 일으킬 소지를 항시 갖고 다니는 셈이다. 그래서 처음부터 아예 먹지 말라고 표현했던 것이다.

또한 아무리 옳은 목적을 위해 어쩔 수 없이 행해진 것이라 할지라도 그 행위 자체가 다 합리화될 수는 없음을 명심해야 한다. 그러므로 언제라도 계를 파했을 때는 느끼는 즉시 그 자리에서 참회하고 다시는 되풀이하지 않겠다는 자기 다짐을 해야 한다.

이러한 세 가지 관점 속에서 계를 해석할 때 비로소 올바른 계행을 닦아갈 수 있다. 그럴 때만이 나와 타인의 고통을 올바르게 해결할 수 있는 것이다. 상징성, 역사성, 단정적 금기로서의 세 가지 성격에 비추어 나머지 오계를 하나하나 분석해가면 참으로 오계야말로 불자가 목숨을 걸고 지켜나가야 할 삶의 가치 기준임을 확연히 자각할 수 있다.

오계(五戒), 불자의 기본덕목

산목숨을 죽이지 말라(不殺生)

생명의 존엄성

무릇 생명의 본성인 불성은 존귀하다. 따라서 모든 생명을 존중해
야 한다. 모든 생명은 불성을 갖고 있기에 매우 존귀하다. 모든 생
명은 불세계에 들고자 하기에 그 참다운 의미가 있고, 또 희망이
있는 것이다. 다만 현실 속에서 보이는 외형적인 모습은 업이 만
든 껍질에 불과하며 관계 속에서 변화하는 조건적이고 일시적인
것일 따름이다.

따라서 외형적인 형상을 가지고 차별해서는 안 된다. 모든 생명
은 그 본성에서 살펴볼 때 영원하고 자유자재하며 상호 평등하다.

생명이란 절대 자유와 절대 평등의 불성을 실현하는 주체이며

불성 그 자체이다. 그러므로 생명은 다른 것을 위한 수단이나 도구가 될 수 없으며, 그 자체가 그대로 목적이 된다. 생명의 존엄성은 상대적인 것이 아니라 절대적인 것이다.

존엄성에 있어서는 어느 것이 더 중요하고 어느 것이 덜 중요할 수 없는 법이다. 생명의 존엄성이란 이 세상에서 어떤 것과도 견줄 수 없이 가히 절대적이라 할만한다. 그 어떤 이유로도 생명이 죽임을 당하거나 차별받고 핍박이나 억압을 받아서는 안 된다. 어떤 경우에도 자유로운 삶을 구속해서는 안 된다. 부처님이 이 세상에 오실 때 첫마디의 말씀 속에도 생명의 존엄성을 함축적으로 선언하셨다.

"천상천하 유아독존(天上天下 唯我獨尊)"

하늘 위 하늘 아래 오직 생명의 본성만이 홀로 존귀하다는 뜻이다. 이와 같이 생명은 불교의 가치에 있어서 가장 중요하고 절대적이며, 근본이 되는 가치 기준이다. 불살생계가 모든 계 가운데 근본이 되는 연유도 이에 근거한다. 즉 생명에 대한 존엄성을 해치고 생명을 구속하거나 차별하는 모든 것을 깨트림으로써 생명의 가치를 실현하려는 근본계이며, 생명에 대한 근본가치이다.

따라서 아무리 작은 미물 하나라도 고의로 내지 장난삼아 죽여서는 안 된다. 하물며 사람에게 있어서랴 두말할 나위가 없다. 부처님께서는 자신의 이익이나 명예를 위하여 자기 손으로 생명을 죽이는 것만이 살생이라 보지 않으셨다. 일체의 반생명적인 행위를 살생이라 보시고 다음과 같이 말씀하신 것이다.

"자기가 죽이거나, 남을 시켜 죽이거나, 수단으로 죽이거나, 죽이는 것을 보고 즐기지도 말라."

남을 시켜 죽이지도 말라

사실 신에게 제물을 바치는 행위 또한 살생에 해당된다. 예부터 양이나 돼지 등의 산 짐승을 죽여서 신에게 제물로 바치는 신앙, 풍습이 대단히 많았다. 그런데 과연 신은 산 생명의 피를 받아야만 즐거움을 느끼고 소원을 들어주는 그러한 존재였을까? 이는 온당치 않은 발상에 불과하며 대개 유목민들에게 전해져온 일종의 문화나 풍속이었다고 봐야 한다.

불교에서는 특히 생일이나 결혼일과 같은 경사스러운 날일수록 살생을 금했다. 이유인즉 내가 즐기고자 하여 누군가 다른 중생을 희생시킨다는 것은 그 기쁨을 피로 물들이는 것과 진배없기 때문이었으며, 상제 때에도 마찬가지로 살생을 금했다. 이치는 간단하다. 지금 내가 죽음 앞에서 슬피 울면서 다른 중생의 죽음을 또다시 방조하여 고통을 안겨주어서는 안 되기 때문이다.

뿐만 아니라 맛에 탐닉하여 고기를 즐겨 먹어서는 안 된다. 늘상 고기를 먹다 보면 닭이나 소를 볼 때마다 '고것 참 먹음직스럽다'는 살심을 자신도 모르게 일으키기 쉽다.

대상을 있는 그대로 보기보다는 하나의 수단으로 전도시켜 봄으로써 생명의 존엄성을 망각하고 살생을 거듭하거나, 혹은 다른 이로 하여금 살생을 하게 하는 것이다.

이는 마치 성적 욕구에 집착한 사람이 이성(異性)을 대할 때 인격을 가진 한 사람으로 받아들이기보다는 그저 상대를 단순한 쾌락의 수단으로 여기는 것과 다를 바 없는 것이다.

또한 한 나라의 지배층이 전쟁을 모의하고 일으킬 때도 무수한 인명이 살상되고 그 동안의 땀으로 이룩한 숱한 재산상의 피해까지 초래하는 참으로 끔찍한 결과를 부른다. 특히 오늘날과 같이 강대국이 약소국을 앞세워 대리전쟁을 치르는 것 또한 생명의 존엄성을 망각한 행위이다. 그래서 전쟁의 부당성은 그 이유 여하를 막론하고 반생명적이라는 점을 인식해야 한다.

모름지기 전쟁을 꾸미고 명령한 자는 명령한 대로, 살인을 조종한 자는 조종한 대로, 혹은 그러한 행위를 방조한 자는 방조한 대로 반드시 그 죄업을 받게끔 되어있음을 명심해야 한다.

수단을 써서 죽이지 말라

무기를 생산, 비축하거나 거래하는 것은 제 손으로 혹은 남을 시키는 행위는 아닐지 모르나 결국 무기란 살생의 도구로 사용된다는 점에서 이 또한 살생의 죄업과 크게 다를 바 없다고 본다. 특히 오늘날 전 인류와 지구상의 모든 생명체를 일거에 잿더미로 만들 핵무기의 제조, 비축, 거래 등의 행위에 절대적으로 참가해서는 안 된다. 과학자들도 본래의 선한 취지와는 달리 결국 이러한 무기를 생산하는 데 협조함으로써 자기도 모르게 중대한 살생의 죄업을 짓게 되는 것이다.

세계적으로 유명한 아인슈타인 박사나 사하로프 박사 등은 이러한 죄악에 대해 과학계에 자성을 촉구한 대표적인 과학자였던 셈이다.

국가나 민족, 평화라는 미명 하에 나라마다 핵무기의 비축이 허용된다면 그야말로 전 인류가 공멸의 길에 들어서는 함정을 파는 꼴이 될 것이다. 따라서 불교인이라면 누구보다도 앞장서서 범세계적으로 핵무기의 생산, 비축, 거래 행위에 반대해야 할 것이며, 나아가 전쟁을 반대하고 평화를 옹호하는 행동을 적극적으로 전개해야 한다.

그 어떤 이유로도 전쟁을 용인하건 핵무기의 배치를 허용한다면 그는 참다운 불교인이 될 수 없는 일이다. 이데올로기와 국가란 결국은 허상에 불과한 것이고, 오직 불변하는 것은 생명의 존엄성이다.

그러므로 이를 지키기 위해서는 세계 도처로 확대되고 있는 가공할 위력의 살상무기 등에 대한 반대, 퇴치에 온 정력을 집중해야 하는 것이다.

또한 생명체가 뿌리를 두고 있는 삶의 디진을 없애거나 훼손해서도 안 된다. 뭇 생명은 제 나름대로 지구상의 서로 다른 환경에 적응해서 살아가고 있다. 이를 인간이 인간만을 중심에 두는 이기적인 사고로 개발이라는 미명 하에 자연을 훼손하고 생태계를 파피한다면 뭇 중생은 평화로운 삶의 터전을 빼앗기고 소멸되지 않을 수 없다.

이는 날이 갈수록 그 심각성이 확연히 드러나게 되는 엄연한 살생의 행위인 것이며 그 규모 또한 거대하게 자행되고 있다.

환경 보호론자들의 보고에 따르면 매년 수십만 종의 생물이 지구상에서 멸종되어 간다고 한다. 환경의 파괴는 비단 멸종되는 생물들에만 국한되는 것이 아니라, 그 주범인 인간 생활 깊숙한 곳까지 파고 들어오게 마련이다. 이는 모든 것이 상의상존하는 연기적 세계 속에서 필연적인 일이고, 이로 인해 받는 인간의 피해는 갈수록 극심해지고 있어 전 세계적 위기로까지 조성되는 실정이다.

이미 세계 도처에서 드러난 공해산업의 폐기물, 방사능 오염과 납이나 수은과 같은 중금속에 의한 중독 등은 하루가 다르게 우리 자신과 후손들의 생명을 위협하는 지경에 이르렀다. 인간은 자신이 만든 문명에 의해 많은 혜택을 누리기도 했지만 동시에 그로 인해 스스로 자멸할지도 모른다는 예측이 무성하다. 문제는 단순한 예측이라 하기에는 너무도 분명한 현실의 위기로 우리 앞에 다가왔다는 사실이다.

핵무기의 확산은 이미 가능성의 차원을 넘어 발등에 떨어진 불로 공포스러운 위협이 되고 있으며, 생태계의 변화로 기후의 이변이 세계 도처에서 일어나는 등 하나밖에 없는 우리 지구의 생명이 종말을 향해 치닫고 있는 것처럼 보인다.

그러므로 이를 적극적으로 예방하고 파국을 저지하기 위해서는 불교인들의 노력이 절대적으로 긴요하다.

부처님의 가르침을 생명과 같이 여기고, 환경을 파괴하는 일체의 행동을 적극 금해야 한다. 눈앞에 보이는 현재의 조그마한 이익에 현혹된 나머지 미래의 크나큰 손실을 자초해서는 안 된다. 이 땅은 우리가 불세계에 들어설 때까지 윤회를 거듭하면서 살아야 할 우리의 터전인 것이다.

환경의 조건이란 비단 자연환경에만 국한되는 것은 아니다. 이 사회가 인간다운 삶을 유지할 수 있는 최저 조건도 충족되지 못한다면 무수한 사람들이 고통 속에서 죽어갈 수밖에 없는 일임을 주목해야 할 것이다. 상대적 빈곤감의 심화, 무소불위의 권력에 의한 횡포, 각종 억압적인 권위주의 등의 사회적 문제점은 사회의 대다수 성원들의 여망인 '보다 높은 삶의 질'을 구속하고 핍박할 뿐임을 알아야 한다.

하루 세 끼의 밥을 위해 일을 한다면 그것은 단지 육신의 보존 이상은 아닐 것이다. 어느 누구건 간에 삶이 육신의 유지만을 위한 것이 아닐진대 올바른 삶의 가치를 찾을 수 있는 경제적, 정신적 여유는 무엇보다도 중요하지 않을 수 없다. 이러한 여유가 없는 조건 속에서 아무리 진리를 외치고 다녀봐야 사막에서 물을 찾는 격으로 허상에 빠지기 쉽다. '목마른 자에게 물을, 몸이 아픈 환자에게 약을 먼저 주고, 그다음에 불법을 말하라'는 약사불의 말씀을 새삼 되새길 필요가 있다.

생명 가운데 자유롭기를 바라지 않는 존재란 그 어디에도 없다.

하물며 인간의 경우 자유를 향한 갈망의 정도는 다른 어떤 생명과도 비할 수 없을 만큼 크다고 하겠다.

따라서 통제된 사회 아래에서의 복종이란 생명의 존중과 거리가 멀 뿐 아니라, 진정한 복종이 되기도 어렵다. 그러므로 세계 어느 곳이건 간에 인권의 보장에 있어 유보란 있을 수 없는 일이다. 생명의 존귀함은 절대적이기 때문이다.

또한 폭력으로 중생을 공포에 떨게 하고, 협박이나 공갈로 타인을 핍박한다면 이는 그 순간마다 살생을 하게 되는 것임을 알아야 한다. 고문을 하여 인권을 짓밟는다든지, 돈벌이에 혈안이 되어 여성이나 어린이들을 인신매매하는 사회는 결코 생명의 존엄성이 보장되는 사회라 말할 수 없을 것이다. 생명의 존엄성이 최우선적으로 보장되지 않는 한, 표면에 어떤 그럴싸한 주장과 행동을 내건다 해도 그것은 모두 계에 어긋나는 것이다.

오늘날 서구의 선진국에서 누구보다 인권을 부르짖으면서도 제3세계의 인권을 무시하는 정책이 공공연히 드러나는 것은 결국 자국의 이익만을 추구하는 탐욕 때문에 인권을 유보하고 유린하는 것에 다름 아니다.

마찬가지로 왜곡된 정보 또한 중생에게 새로운 허상을 만들기 때문에 인간다운 삶을 그만큼 지체시키고 파괴하기도 한다. 오늘날과 같은 조직사회의 경우 개인의 의지는 무력할 뿐이고 구조에서 작용하는 힘은 갈수록 거대해지고 있다. 따라서 이러한 제도의 올바름은 삶의 환경을 개선하는 일인 까닭에 대단히 중요하다.

불교인은 현실의 삶의 터전을 바로 세우는 것이 불살생계를 범하지 않는 것임을 명심해야 한다.

살생을 방관하거나 즐기지 말라

생명체들 가운데 오직 인간만이 단지 즐기기 위해 살생을 할 수 있는 유일한 존재라고 한다. 살생을 즐기는 것은 인간만이 갖는 유일한 죄악이다. 다른 동물들의 경우처럼 자신이 살기 위해 살생하는 것이 아니라, 중생의 목숨을 갖고 유희를 즐긴다면 그 얼마나 무서운 업이 될 것인가? 이의 대표적인 것이 산업사회의 신종 레저로 등장한 사냥과 낚시라 할 수 있다.

먹이를 미끼로 한 살생의 쾌락을 스포츠란 미명으로 무감각하게 즐기고 있는 것이다. 이와 같은 인간의 심성이 자칫하면 히틀러 치하의 나치 독일에서 자행된 온갖 만행을 저지르게도 하는 것이다.

살아 있는 유태인을 생체실험의 도구로 사용하여, 죽을 때 인간이 느끼는 다양한 감정반응 등을 조사하기도 하고 굶겼을 때 나타나는 인간의 동물성에 관한 연구를 갖고 정신분석학 자료를 만들기도 했고, 심지어는 수백만의 유대인을 독가스실에서 죽이가게 하는 참혹한 만행을 자행했다. 죽어가는 사람들의 울부짖음을 즐겼다고 말할 수밖에 없는 일들이었다.

이는 나치 시절의 일만은 아니다. 오늘날 전문적인 고문경찰들의 경우도 그렇다. 고문당하는 사람들을 보며 괴로워하기는커녕 고문의 종류에 따라 나타나는 인간의 동물적 반응을 보고 도리어 즐길 수 있는 정도의 강심장이 되어야 유명 수사관이 되는 실정인 것이다.

또 전쟁을 방조하거나 미화하면서 전쟁 그 자체를 즐긴다든가, 죽어가는 생명을 남의 일이라 여기며 외면하고, 도리어 비디오 영상을 통해 살인을 스릴감 있게 느끼며 즐기는 양상은 하나같이 살생의 죄업을 짓는 것이고 참으로 위험천만한 일이 된다. 개인의 이익을 위해 상대에 대한 테러를 일삼고, 존재하지도 않는 이름뿐인 명분을 내걸어 전쟁을 합리화하며, 이를 부추기는 모든 사상과 정책과 가치들은 근본적으로 오직 한가지 이유, 즉 생명의 존엄성을 망각하고 인간을 단지 하나의 부속품으로 인식하기 때문에 일어나는 것이다.

오늘날 우리 사회에서 일어나는 헤아릴 수 없는 범죄의 잔학성과 부도덕성은 하나같이 우리 사회의 그릇된 가치관이 만연된 데서 생긴 것이다. 사회가 부패하고 타락하면 범죄란 것은 독버섯처럼 번지기 마련이다. 이는 사회 전체가 생명의 존엄성, 인권의 존귀함을 하찮게 여기기 때문에 비롯되는 것이고 달리 말하면 부처님의 가르침을 외면하는 사회일수록 이들 어둠의 꽃은 만개할 수밖에 없다.

'산목숨을 죽이지 말라.'

부처님의 말씀을 진심으로 상기하자. 이 속에 담긴 깊은 뜻을

절실히 새기면서 불교인이 지켜야 할 제1의 계율로서 받들어야
한다.

목숨을 던져 계를 지키다

부처님이 전생에 아직 보살로서 수행하실 때의 이야기가 있다. 이
전생담을 보면 부처님이 생명의 존엄성을 어떻게 지켜 오셨는지
를 생생하게 이해할 수 있다.

옛날 자비심이 지극한 한 수행자가 있었다.

그는 언젠가는 기어코 부처가 되리라는 서원(誓願)을 세우고 있
는 사람이었다.

어느 날 수행을 하고 있는데, 난데없이 비둘기 한 마리가 비명을
지르면서 황급히 그의 품속으로 날아와 숨으며 공포에 질려 온몸을
바들바들 떨었다. 곧이어 뒤따라 온 독수리가 수행자와 그 품속에
있는 비둘기를 보더니 나뭇가지에 앉아 수행자에게 말했다.

"수행자여! 그 비둘기를 내게 돌려주시오. 그것은 내 저녁거리
요."

"네게 돌려줄 수 없다. 나는 부처가 되려고 서원을 세울 때 모든
중생을 다 구원하겠다고 결심을 하였다."

"당신은 참 어리석소이다. 모든 중생 속에 나는 들지 않소? 당신
때문에 비둘기는 살 수 있을지 몰라도 나는 굶어죽게 된단 말이오.
어찌 나에게는 자비를 베풀지 않고 더구나 내 먹이를 빼앗는단 말

이오."

"어쨌든 비둘기는 돌려줄 수 없다. 무슨 다른 방법을 찾아보자. 비둘기 대신 너는 어떤 것을 원하느냐?"

"비둘기 무게만큼의 살코기를 주시오. 그렇다면 비둘기도 살고 나도 살 수 있소."

수행자는 생각했다.

"날고기라면 산목숨을 죽이지 않고서는 얻을 수 없다. 그렇다고 하나를 구하기 위해 다른 목숨을 죽게 할 수는 없지 않은가. 차라리 내 허벅지 살을 잘라 주고 비둘기를 살리자."

수행자는 저울 한쪽에 비둘기를 두고 다른 쪽에 자신의 허벅지 살을 베어 얹었다. 비둘기가 훨씬 무거웠다. 그래서 다른 쪽 허벅지 살을 더 베어 얹었다. 그래도 마찬가지였다. 할 수 없이 수행자는 엉덩이, 양팔, 양다리를 다 베어 얹었으나 저울은 비둘기 쪽으로 기울었다. 마침내 수행자는 마지막으로 자기의 몸뚱이 전체를 얹었다. 그제야 저울은 균형을 유지했다.

〈대지도론 4〉

보살은 한 마리의 비둘기를 살리고자 그의 생명을 버렸다. 여기에는 두 가지의 깊은 뜻이 있다. 첫째는 생명의 존엄성에 관한 것이다. 아무리 보잘것없는 비둘기라 하더라도, 아무리 고귀한 보살이라 하더라도 허벅지나 팔 다리만으로는 생명의 존엄성에 있어 비둘기와 대등할 수 없다는 것이다.

생명은 그 존귀함에 있어서 대등하다. 왕이나 부자나 권력자라
해서 인간의 생명을 이와 같이 일부분으로 함부로 취급해서는 안
된다는 것이다. 즉 보살과 비둘기의 불성은 동등하다.

둘째는 보살의 계행이다. 계행을 지키기 위해서는 살을 베어내
고 팔을 자르고 목숨을 버리는 아픔과 희생이 없이는 안 된다는
것이다. 그 아픔은 아픔이 아니라 진리를 실현하는 기쁨이기에 하
나의 망설임도 없이 실천에 옮기게 된다.

이런 확고하고 희생적인 노력의 결과로써 이생에서 부처님이
되신 것이지, 단지 몇 년의 고행으로 인해 이루어진 것이 아니다.
그 먼 과거생으로부터 이런 무수한 희생을 통하여 이생에 부처님
이 되신 것이다.

보살의 순교

"이 삼천대천세계의 겨자씨만한 땅일지라도 보살의 피와 살로 이룩
되지 않은 곳이 없다."

《법화경》

이는 중생들의 고통을 해결하기 위하여 무수한 보살들이 자신
의 생명을 헌신했다는 의미이다. 그런데도 불교에 순교가 없다고
말하는 사람이 있다. 단순히 자신의 종교를 위한 순교가 아니라
중생의 이익을 위해서, 올바른 가치 실현을 위해서는 그 어떤 희

생도 기꺼이 받아들이는 것이 불교이다. 그것은 내일이 있기 때문이다. 내일 다시 새로운 육신을 갖기 때문에 오늘 해야할 일에 최선을 다할 뿐이다.

성자 이차돈은 승려가 아니었다. 스물두 살의 청년이었고 말단 공무원의 신분이었을 뿐이다. 그러나 진실을 위하여 왕의 탄압에도 굴하지 않았고 형식적인 신앙 포기의 표시마저도 거절하고 끝내 형장의 이슬로 사라졌던 것이다.

신앙은 권력의 탄압에 의해 포기되어서는 안 된다. 그것이 아무리 형식적이라 하더라도 강제로 계를 파한다면, 살아남아 아무리 수행과 봉사를 한다 하더라도 그 자리에서 죽는 것만큼의 공덕을 쌓을 수 없다. 권력에 굴복하고 사회현상에 휩쓸리면서 중생의 고통을 외면하고 계를 파한다면, 그 어떤 신통력과 미사여구를 사용한다 하더라도 진정한 불자가 될 수는 없다. 그것은 자기 합리화이며 자기기만이며 현실도피이고 신비주의자일 뿐이다.

불자는 부처님의 수행을 본받고 가르침을 실현해야 한다. 청년 이차돈의 길이 보살행임을 잊어서는 안 된다. 계는 불교인의 생명이다. 계를 파하고 선정에 들 수 없으며 계를 파하고 지혜를 얻을 수 없다.

계 중에서도 이 불살생계는 근본이 되는 것이다.

도둑질을 하지 말라

인간의 성실성에 대한 가치

이 계본은 우리 생존의 근본인 경제문제에 대한 가치 기준이다. 일체의 재화는 하늘에서 떨어진 것도 땅에서 그냥 솟은 것도 아니고 오직 인간의 노동으로 생산된 것이다. 생산물이 노동의 산물이라면 노동은 무엇인가? 그것은 인간의 생명이고 의지의 결정체인 피와 땀이다. 인간은 그의 생명을 하루하루 노동하면서 소모하는 것이다. 그러므로 남의 재화를 훔치는 것은 상대의 생명인 노동을 훔치는 것이 된다. 일하지 않고 소비하는 것을 도둑이라 하는 것은 이 때문이다.

결국은 남의 노동을 훔치는 결과가 되고 만다. 성실하게 살 때만이 이 불투도계를 범하지 않게 된다.

우리는 눈에 보이는 표면적인 현상에만 집착한다. 보이지 않는 사회의 제반 관계 속에서 얽히고설켜 복잡 미묘하게 도둑의 죄업을 짓고 있는 것을 알지 못한다. 어떤 일정한 사회구조 속에서는 일정하게 생산되는 재화를 일부가 많이 가질 때 다른 일부가 적게 가질 수밖에 없다. 생산하지 않고 소비하는 사람들은 어떤 과정을 거치든지 생산하는 사람들의 생산물을 소비할 수밖에 없다.

흔히 복잡한 과정을 거치기 때문에 당연히 자신의 몫이라고 생각하나, 결국은 남의 것을 훔쳐 온 결과일 뿐이다.

일정한 생산 한도 내에서 많이 소유하거나 소비하는 것은 누군가가 적게 소유하고 적게 소비하게 하는 것이므로 이것 또한 도둑의 죄업을 짓는다. 보이거나 보이지 않거나, 사회의 윤리나 법으로 볼 때 선이거나 악이거나 관계없이 진실의 눈으로 이 계본의 의미를 깊이 새겨야 한다.

"너희 불자들이여, 도둑질하지 말라. 제가 훔치거나, 남을 시켜 훔치거나, 수단을 써서 훔치거나, 훔치는 것을 보고 방관하거나, 기뻐하지도 말라."

제가 훔치거나 남을 시켜 훔치지 말라

제가 훔친다는 것은 단순 도둑을 말한다. 생산하지 않고 여기저기를 기웃거리며 남의 물건을 훔쳐 무위도식하는 것은 죄가 된다. 그러나 먹을 것이 없어서, 입을 것이 없어서, 치료받을 수 없어서 도둑질을 한 죄업은 고통 속에서 벗어나려는 몸부림이 잘못 나타난 것일 뿐이어서 그 피해가 개인에게만 미친다.

그렇지만 보다 더 즐기기 위해서, 잘 살기 위해서, 쉽게 벌기 위해서 행하는 전문적인 도둑의 죄업은 훨씬 크다. 또 권력을 등에 업고 협박 공갈하여 남의 재물을 강탈하는 것은 더 큰 죄업을 받는다. 과거의 노예제도와 같이 노동력을 착취하는 것도 모두 도둑의 죄업이다.

남을 시켜 훔친다는 것은 조직을 만들어 부하를 시켜 도둑질을

하고, 장물을 취급하고, 공직자가 뇌물을 받거나 상납하는 것 등
이 해당되며 이는 결국 도둑질을 조장하고 배후 조종한 것이나
다름없다. 그 외에 강대국이 다국적기업을 통하여 약소국의 재화
를 빼앗아 가는 것도 간접적인 도둑질이다.

수단을 써서 훔치지 말라

보살계 중에서 매음이나 관상, 점, 해몽, 주문, 도술 같은 것으로
수입을 얻지 말라는 뜻은 부정한 방법으로 돈을 버는 것 역시 결
국 도둑질이 됨을 의미한다. 투기나 도박 등으로 돈을 버는 것은
결국 누군가의 돈을 도둑질한 행위와 같다. 무릇 재물이란 잃은
사람이 있으면 얻는 사람이 생기는 까닭에 이런 행위는 전부 도
둑질에 불과한 것이다.

증권이나 부동산 투기 등 합법적인 것이나 도박과 같이 불법적
인 것이나 그 근본은 똑같다. 차이가 있다면 전자는 경제원칙이라
배우고 후자는 나쁜 짓이라고 배운 점뿐이다.

어떤 이는 이런 질문을 제기할지 모른다. "증권투자를 해서 돈
을 벌기 위해 얼마나 많이 연구하고 정보를 입수하면서 공부를
했으며 자본을 투자하고 모험을 감수했는데…이것은 당연한 노
력의 대가이다."

그렇다면 도박가는 연구하고 투자하고 모험을 하는 등 노력을
하지 않는가? 은행강도는 은행을 털기 위하여 많은 자본과 시간
을 들여 연구하고 생명을 건 모험을 한다. 그것은 노력의 대가가

아닌가?

여기에서 우리는 노력이라고 해서 다 귀중한 것이 아님을 알 수 있다. 그것이 의미 있으려면 인간의 삶을 위하여 무엇인가 유익하고 생산적인 것이어야 한다.

부모로부터 받은 유산을 은행에 맡기고 이자로 살아가는 사람, 그리고 그 이자로 자선활동을 하며 살아가는 사람이 있다면 그도 도둑의 죄업을 짓는다고 말할 수 있다. 자본은 그 자체가 생산하지는 않는다. 생산은 인간의 노동에 의해서만 가능하기 때문이다. 결국 은행과 같은 창구를 통해 생산물이 잘못 분배됨으로써 생산하지 않은 그에게 재화가 주어지는 것이다. 정신적이든 물질적이든 생산하지 않았다면 마땅히 그에겐 소비할 자격이 주어질 수 없는 것이다. 소비를 하면 이미 도둑의 죄업을 짓는다. 이런 것이 가능하도록 하는 잘못된 제도가 바로 각종의 경제적 수단인 것이다. 이러한 수단을 써서 도둑질을 하여서는 안 된다.

물탱크 이야기

100명이 먹을 수 있는 크기의 물탱크가 있다. 이 물탱크에는 100개의 송수관이 달려 있다. 큰 것도 있고 작은 것도 있다. 큰 것 3개는 각각 전체의 20%를 차지하는 것이고 작은 것 97개는 나머지 80%를 균등하게 배분했다고 하자. 이때 큰 것 3개 중 하나를 잡은 사람은 아무리 풍족히 써도 남아돌 것이다. 식수를 가지고 빨래를 하고 목욕을 해도 물은 남아돌 수밖에 없다. 이웃집에 가

끔 몇 바가지를 퍼주거나 절에 시주도 하고 교회에 헌금을 내고
도 풍족하다.

그러나 작은 관을 잡은 사람은 아무리 빨아도 하루 먹을 물이
되지 않는다. 그는 옆집에 가서 겨우겨우 식수를 얻어서 먹는다.
이때 이런 식수의 배분구조를 통해서는 물의 갈증을 해소할 수
없다. 이때는 이미 노력에 의해서 갈증을 해소할 수 없는 상황이
다. 사실 절약과 내핍에도 한계가 있는 것이다.

여기에 이런 구조를 합리화하는 한 가지 요소가 있다.

누구든지 큰 관을 잡을 수 있는 자유, 즉 경쟁의 자유이다. 모두
가 큰 물줄기를 잡기 위해서 필사의 경쟁을 하고 이 경쟁에서 뒤
로 밀린 사람에게는 노력이나 능력이 부족한 탓이라 하여 잘못된
물의 배분구조를 합리화하기도 한다. 혼자 잘 먹기 위해서 또는
큰 줄기를 잡아 남에게 나누어 주기 위해서 제 나름대로 주장을
갖고 경쟁한다.

그러나 어떻게 되든, 누가 잡든지, 풍족한 물을 쓸 수 있는 큰
관은 세 사람밖에 잡을 수 없고 나머지는 탈락하지 않을 수 없다
면 나의 성공이 다른 사람의 실패이며 나의 기쁨은 다른 사람의
고통이 될 수밖에 없다.

이때 한 선량한 사람이 큰 송수관을 잡아 쓰고, 남은 여분을 이
웃에 돌려준다고 하면 그는 대자선가가 되는 것이다. 그러나 그는
결국 그것을 차지하기 위해서 다른 이를 짓밟았으며, 또 자기의
것이 아닌 남의 몫으로 자선을 베푼 것이다. 이때 자선가는 남의

것을 돌려주면서 제 것을 주는 양 생색을 내고, 받는 사람은 제 것을 받으면서도 남에게 굽신거리며 아첨을 하는 비인간화를 초래한다. 남에게 나누어 줄 것이 아니라 제 물줄기의 구멍을 막으면 저절로 남에게 돌아가게 된다.

즉 물의 분배를 올바르게 재조정하면 되는 것이다.

이 물줄기의 구멍을 막아 버리는 것이 바로 무소유의 정신이다.

스스로 그 욕망을 막지 않는 한, 스스로 기득권을 포기하지 않는 한 대중의 갈증을 해소할 수는 없는 법이다. 이것이 불교인이 갖는 삶의 길이다. 「하루 일하지 않으면 하루 먹지 않는다(一日不作, 一日不食)」라는 백장 회해선사의 말씀은 이를 두고 한 말이다.

모든 수행자나 종교인은 깊이 반성해야 한다. 내가 생산하지 않는 한, 자신이 사용하는 모든 재화는 중생의 것이라는 사실을 잊어서는 안 된다. 도회지 곳곳에 솟은 교회와 오두막살이 농촌에 솟은 교회와 산중에 솟은 사원은 결국 대중의 노동을 도둑질해서 이루어진 것이다. 그것이 대중의 이익을 위해 필요불가결한 것으로 사용되지 않는 한 그 결과는 자명하다.

누가 큰 도둑인가

언젠가 성철 큰스님께서 대도(大盜)라고 일컫는 한 도둑에 대해 질문을 받고 하신 말씀이 있다.

"그는 작은 도둑이야. 진짜 큰 도둑들은 고관대작이지. 그런데 그것보다도 더 큰 도둑이 있어. 그게 누구냐 하면 스스로 도인인 체 하는 사람이지."

이 말씀의 뜻을 깊이 새겨봐야 한다. 많이 소유한 지배층이 큰 도둑이고, 종교를 이용하여 대중의 재물과 마음을 빼앗는 거짓 종교인이 가장 큰 도둑이라는 뜻이다. 정말 겸허한 자세로 참회하면서 살지 않는다면 종교단체가 하는 자선사업이야말로 도둑의 죄업을 짓는 것이다. 종교단체가 운영하는 병원이 도시의 부유층만을 상대한다면 그것은 영리의 목적이지 결코 자선이 될 수는 없다. 정말 불교인이 아니고는 이러한 크나큰 안목을 가질 수는 없는 것이다.

몇십 년 전 성철 큰스님께서, 도인이 됐으면 사회를 구원해 보라는 한 청년에게 "나는 내가 먹는 세 끼 밥값을 하려고 노력한다. 절대로 공짜로 먹는 것이 아니다"고 하신 말씀도 깊이 새겨볼 말이다.

열심히 일하고 적게 소유하라

불교의 중흥은 교회의 뾰족탑을 본받아 자본을 축적하고 사찰을 고대광실처럼 짓는 데 있는 것이 아니다. 이 세상에서 고통받고 살아가며, 굶주림에 몸부림치는 가난한 중생들을 위해서 필요한 역할을 하는 것이 불교중흥임을 잊어서는 안 된다. 일주문이 아니라 고아원이, 산신각이 아니라 양로원이, 칠성각이 아니라 서민아파트를 짓는 것이 진정한 불사이다. 사원은 불교를 배우고 가르치는 역할을 하는 최소한의 공간이면 족하다.

종교인이 세속인보다 더 잘산다고 하는 것은 무소유가 아니다. 일생 동안 밥그릇 하나와 누더기 옷 한 벌로 살아가신 부처님을 생각해 보자. 불교의 중흥이란 본래 형상에 있는 것이 아니라 부처님의 가치관을 실현하는 데 있다.

혹자는 이 무소유 정신을 사회로부터의 도피나 생산의 포기로 생각하는데 그것은 잘못된 생각이다.

〈자설경〉에 보면 "개인은 열심히 일하되 무소유의 가치를 실현하고, 사회는 개인이 넉넉히 살 수 있는 조건을 만들어 주라"고 한다.

특히 교단을 이끄는 지도자는 이 무소유를 온몸으로 실천해야 한다. 언젠가 사회운동을 하는 유명한 교수 집에 갔더니 100평도 넘는 대지에 대저택을 갖고 있었다. 진리를 위해 고통받는 사람의 편에 동참하는 데는 존경을 표하지만 결국 스스로도 사회운동을 주장함으로써 유지되는 또 하나의 기득권을 갖고 있었던 것이다. 이것은 진정한 무소유의 실천이 아니다. 산 좋고 물 맑은 데서 향기로운 차를 마시며 유유자적하는 것도 무소유의 실천은 아니다.

'열심히 일하라, 그러나 적게 소유하라.'

그럼으로써 저절로 사회로 회향하는 것, 이것이 무주상보시인 것이다.

가난한 여인의 작은 등불

부처님 당시 사위성(舍偉城)에 한 가난한 여인이 있었다. 성실하게 살았으나 가진 것이 없었다. 여인은 너무 가난하여 이집 저집을 다니며 품을 팔아 밥을 얻어먹으면서 겨우 목숨을 이어 갔다. 어느 날 성안으로 갔더니 온 성안이 떠들썩했다. 여인은 영문을 몰라 지나가는 사람에게 무슨 일이냐고 물었다.

"부처님께서 제자들과 함께 석 달 동안 성안에 머무르신다고 합니다. 이 나라의 왕(프라세나짓 왕)은 부처님과 스님들을 위하여 석 달 동안 옷과 음식과 침구와 약을 공양하고 오늘 밤에는 또 수만 개의 등불을 켜서 연등회를 연다고 합니다. 그래서 온 성안이 이렇게 북적거린답니다."

'왕은 많은 복을 짓는구나. 저렇게 복을 지으니 내생에도 큰 복을 받겠구나. 나는 이생에도 박복하여 가난하고, 또 복을 지을 수도 없으니 내생에도 박복하겠지. 나도 등불을 하나 켜서 부처님께 공양해야겠는데…'

이렇게 생각한 여인은 남의 집에 가서 일을 해주고 동전 두 닢을 얻어 기름집으로 갔다. 기름집 주인은 가난한 여인을 보고 기름을 구해 무엇에 쓰려느냐고 물었다.

"이 세상에서 부처님을 만나 뵙기란 참으로 어려운 일입니다. 이제 그 부처님을 뵙게 되니 얼마나 다행한 일입니까? 나는 가난해서 아무것도 공양할 것이 없으니 등불이라도 하나 부처님께 공양할까

합니다."

주인은 여인의 말에 감동하여 기름을 곱절이나 주었다. 여인은 그 기름으로 작은 등불을 만들어 부처님 처소로 갔다. 수많은 등불이 휘황 찬란히 빛나고 있었다. 여인은 부처님이 다니시는 길목에 등불을 걸어 두고 기도했다.

"보잘것없는 등불이지만 이 공덕으로 다음 생에는 나도 부처가 되어지이다."

이 작은 등불은 워낙 보잘것이 없어 있는 둥 마는 둥 보이지도 않았다. 그러나 밤이 깊어 다른 등불은 다 꺼졌지만 그 등불만은 밝게 빛나고 있었다. 등불이 다 꺼지기 전에는 부처님이 주무시지 않을 것이므로 부처님의 제자 아난은 불을 끄려 하였다. 그러나 손으로 끄려고 해도 꺼지지 않았다. 가사자락으로, 부채로 끄려 했으나 그래도 불은 꺼지지 않았다. 이를 본 부처님은 아난에게 말씀하셨다.

"아난아, 부질없이 애쓰지 말아라. 그것은 비록 작은 등불이지만 마음 착한 여인의 넓고 큰 서원과 정성으로 켜진 것이기 때문이다. 그 여인은 그 등불의 공덕으로 오는 생에는 반드시 부처가 될 것이다."

이 말을 전해 들은 대왕은 급히 수레를 몰아 부처님의 처소로 왔다.

"부처님, 그 여인은 작은 등불 하나를 켠 공덕으로 부처가 될 것이라고 했는데, 저는 석 달 동안이나 부처님과 스님들께 보시를 하고 수천 개의 등불을 켰습니다. 저에게도 미래에 부처가 되리라는 예언을 주십시오."

"대왕이여, 불도란 쉽고도 어려운 것이오. 그것은 하나의 보시로써 얻을 수도 있는 것이지만 수천의 보시로도 얻지 못하는 경우가 있소.

그러므로 불도를 얻기 위해서는 백성을 위해 선정을 베푸시오. 많은 사람들에게 보시하고 선행을 쌓으며 스스로 겸손하여 남을 존경해야 하오. 그러나 절대로 자기가 쌓은 공덕을 내세우거나 자랑해서는 안 되오. 이와 같이 오랜 세월을 닦으면 뒷날에 언젠가는 부처가 될 것이오."

왕은 부끄러워하며 물러났다.

무주상보시와 무소유에 대해서 가장 간단하고도 단적으로 설명해 주는 부처님의 말씀이다. 이 여인은 열심히 일했으나 가난하게 살았다. 여인은 세세생생 무주상보시의 공덕을 쌓아 왔다. 그 공덕으로 다음 생에 부처가 되리라는 부처님의 수기를 받은 것이다.

등불은 하나의 상징에 불과하다. 여인은 있는 재산을 다 털었고 또 대왕처럼 부귀를 달라고 기도하지도 않았다.

그러나 대왕은 대중이 생산한 재물을 과다하게 축적하고 낭비하면서 그중의 일부를 부처님께 공양했을 뿐이다. 그리고 마치 자기가 대단한 일을 한 것인 양 자랑했다. 이런 대왕에게 부처님이 하신 말씀을 새겨보자.

"더욱 보시하고 생색내지 말라. 그러면 먼 미래세에 부처가 되는 것이 가능해지리라."

이 글을 대하면 '부자가 천당 가기는 낙타가 바늘구멍 지나가기보다 어렵다'는 성경 구절이 생각난다.

일년에 어떤 재벌은 수백억 원씩 벌어들인다. 그리고 가끔 신문에 몇억 원의 성금을 냈다는 기사가 대문짝만하게 나온다. 복덕은 수치로 환산되는 것이 아니다. '하나를 주고도 얻을 수 있지만 수천을 주고도 얻을 수 없다'는 부처님의 말씀을 가슴 깊이 음미해 볼 일이다.

무소유의 가치

무소유, 그것은 너와 나 그리고 우리를 함께 열반으로 인도하는 길이다. 탐욕에 기반을 둔 가치를 갖고 있는 한 도둑의 업을 짓지 않을 수 없다. 우리 삶의 목표가 쉽게 일하고, 보다 많은 대가를 받으려는 가치관에 갇혀 있는 한 도둑의 죄업을 짓지 않을 수 없다.

윤리나 도덕이나 법률이 진리일 수는 없는 것이다. 그것에 준하여 죄가 안 된다고 생각하는 것은 식인종이 사람을 잡아먹고도 죄가 아니라고 여기는 것과 진배없다. 식인종이 사람을 잡아먹는 것은 그들 종족의 풍습이자 윤리이기 때문이다.

인간은 어떻게 생각하든지 업이 쌓이게 마련이기에 그 과보를 피할 길은 없다. 현실에서는 대왕이 잘 사는 것 같지만 그것은 착각일 뿐이다. 가난한 여인이 훨씬 불세계에 가까이 와있는 것이다. 길을 잘못 들면 가지 않은 것보다 못하듯이 인생의 방향이 잘못 잡히면 성공이라는 환상의 지옥으로 가게 된다.

무소유가 어렵다면 알맞게 소유하고 일한 만큼만 소비하라. 오늘 나의 낭비가 인도의 캘커타 거리의 어린이를 굶주리게 한다는 것을 잊어서는 안 된다. 대가 이상의 수입이 생기면 사회로 환원하라.

모아서 한꺼번에 내놓겠다는 것은 중생심의 소치일 뿐이다. 인과는 없어짐이 없는 것이므로 쓸데없이 쌓아두지 말고 선업을 쌓아라. 그것만이 영원한 저축인 것이다.

저 가난하고 고통받는 사람의 신음소리를 듣고 인생의 참 길을 찾아 출가의 길로 나선 우리 부처님의 자취를 따라가 보자. 중생의 고통이 자신의 고통일 수밖에 없던 부처님, 버리지 않고는 갈 수가 없던 출가의 길, 고행 없이는 도달할 수 없었던 성도를 깊이 생각해야 한다.

부처님이 제시한 두 번째 가치 기준, '도둑질하지 말라'는 계를 지키지 않고 어찌 선정에 들며, 이 계를 지키지 않고 어찌 지혜를 증득하리요.

삿된 음행을 하지 말라

인간의 존엄성에 대한 가치

이 계본을 일반인들은 단순한 윤리나 도덕 규정으로 보는데 그것은 큰 잘못이다. 왜 이 계본이 근본 5계에 있으며 그것도 세 번째에 해당되는가?

'인간을 수단으로 대하지 말고 청정성을 지켜라.'

이는 차별받고 구속받고 있는 인간의 존엄성을 깨우치는 말씀이다. 여기에서 청정성이라 함은 단순히 성적인 도덕성만을 가리키는 윤리의 의미는 아니다. 인간의 상품화·도구화를 부정하고 타인을 자기와 똑같은 인격으로 대하며 목적으로 대해야 함을 강조하는 말이다. 그러므로 청정비구라 할 때, 단지 결혼을 하지 않고 독신을 지킨다고 청정한 것이 아니다. 인간을 빈부나 귀천, 남녀나 외모에 따라 평가하지 않고 모든 차별상을 극복한 눈으로 세상을 보고 살아가는 것이 청정성을 얻는 것이다.

이 계본을 올바로 이해하려면 당시 인도의 역사적 상황을 이해할 필요가 있다. 경전부터 먼저 살펴보자.

연화색녀의 출가

왕사성에 한 장자(長者: 큰 상인)의 딸이 있었는데 이름이 연화색녀였다. 그녀가 시집을 간 후 오래지 않아 친정아버지가 돌아가시고 어머니는 딸과 함께 살았다. 그러나 남편을 잃은 어머니는 사위와 간통을 하였다. 그것을 알게 된 연화색녀는 자기의 딸아이를 집에 둔 채 집을 뛰쳐나왔다. 집을 나온 그녀는 바라나성의 어떤 장자의 아내가 되어 행복한 생활을 하였다. 세월이 흘렀다. 연화색녀의 남편이 장사일로 왕사성에 갔을 때였다. 그는 쓸쓸한 객수를 덜기 위하여 아내와 닮은 소녀를 수천 금의 돈으로 사서 첩을 삼았다.

집에 돌아온 남편은 아내에게 도둑을 만나 돈을 잃었다고 거짓말을 꾸몄다. 그리고 집을 얻어 첩살림을 시작하였다.

남편이 왕사성으로 장사를 나가고 없는 어느 날, 남편의 친구가 왔다. 이 친구는 여인에게 수작을 걸었으나 여인은 단호히 거절했다. 그러자 그 남편 친구가 "당신의 남편도 왕사성에 젊은 첩을 두고 있는데 뭘 그러냐"는 말을 했다.

여인은 남편이 돌아오자 따져 물었다. 남편은 솔직히 털어 놓았다. 여인은 멀리서 두 살림을 하느니 차라리 집에 데려와서 함께 살자고 했다. 남편은 걱정을 하면서도 데려오지 않을 수 없었다. 여인은 첩이 마음에 들어, 자신의 동생처럼 딸처럼 의좋게 살았다. 여인은 함께 살면서 이것저것 첩의 내력에 대하여 물어보다가 믿기지 않는 사실을 발견했다. 그 첩은 바로 앙시성에 두고 온 자신의 딸이었다.

여인은 충격을 받았다. 지난 번에는 어머니와 한 남자를 두고 경쟁을 하다가 이제는 다시 한 남자를 두고 딸과 질투를 해야 하는 운명이었다. 이에 여인은 또 집을 뛰쳐나왔다. 세상의 모든 남자에게 복수하리라 마음먹었다. 여인은 유녀(창녀)가 되었고 얼마 후에 유녀의 우두머리가 되었다. 그 어떤 남자든지 이 여인의 교태에 넘어가지 않는 남자가 없었다. 가산을 탕진한 사람들이 속출했다. 어느새 그녀는 오백 명의 유녀를 거느리게 되었을 뿐만 아니라 대단한 부자가 되었다.

이때 부처님께서 이 도시로 왔다. 이교도들은 부처님의 명성이 자기들보다 더 높았으므로 연화색녀에게 많은 돈을 주고 부처님을 유혹하도록 사주했다. 연화색녀도 부처님을 한번 만나보고 싶던 차에 잘 되었다고 생각했다. 세상에서 남자 중의 남자라는 부처를 유혹해 보고 싶은 마음과 다른 한쪽에서는 아무리 유녀 생활을 해도 도저히 메워질 수 없는 자신의 허전함을 상의해 보고 가르침을 듣고 싶은 마음도 있었다. 성중에서 탁발을 하고 돌아오는 부처님 앞에 호화롭게 꾸민 연화색녀가 나타났다.

"사문이여, 당신에게도 많은 제자가 있다고 들었는데 나도 오백 제자가 있습니다. 당신이 해탈을 했다면 나도 해탈을 얻었소. 일체의 남자를 굴복시킬 수 있는 힘을 얻었소."

여인은 당당하게 부처님을 응시하면서 질문을 던졌다. 조용히 듣고 있던 부처님이 말했다.

"불쌍한 여인아, 눈을 떠라. 너는 복수심에 불타 수많은 남자를 유혹하고 정복했다고 생각하지만, 너는 수많은 여인에게 네가 옛날에 겪었던 고통을 안겨 주었느니라. 너는 남자에게 복수했다고 생각했지만 수많은 여인에게 눈물만을 주었느니라. 나의 가르침은 그런 것이 아니다. 모든 사람을 열반으로 이끄는 것이니라.”

여인은 눈을 떴다. 아무리 복수를 해도 답답하고 허전했던 가슴이 환히 열렸다. 여인은 참회와 기쁨의 눈물을 함께 흘리면서 부처님 앞에 엎드렸다.

“저를 구원해 주십시오.”

부처님은 허락했다. 여인의 출가를 허락한 것이다.

이 소식을 듣고 아난다를 포함한 모든 제자들이 반대했다. 저런 유녀를 출가시키면 교단이 세인들로부터 비난을 받으며 공양을 받을 수 없다고 했다.

부처님은 말씀하셨다.

“그녀는 이미 눈을 떴다. 그녀는 옛날의 연화색녀가 아니다. 세인의 비난은 일주일을 넘기지 못할 것이다.”

성이 도구화되는 현실

인용이 길어졌지만 이때의 인도 사회가 얼마나 타락했는지를 극명하게 보여주고 있다. 술과 노래와 춤과 여자가 전부라고 할만한 사회였던 것이다. 젊은이들까지 여기에 깊이 빠졌다. 일부다처제 사회였고, 도시마다 유곽이 있었다. 유녀가 지배층의 사교계에 등장할 정도로 당당해졌다. 이런 유녀의 세력이 여성의 지위 향상처럼 보인다면 큰 착각이다. 연화색녀는 남자의 성적 노리갯감에 불과한 것이었다.

그녀의 행위는 남자에 대한 보복이 아니라 착한 여자들에게 눈물만 안겨줄 뿐이었다. 여성이 한 인간으로 동등하게 대우받는 것이 아니라 남자의 권위와 능력을 표시하는 장식용이 되거나, 성적 쾌락의 도구로 사용되거나, 가사노동의 노동력으로 인식되었다. 이런 사회에서는 한 여성이 인간으로 대우받을 수가 없다. 남자와의 관계에서 일대일의 인간관계가 아니라 하나의 부품에 불과했던 것이다.

연화색녀는 이런 사회에서 희생물의 표본이었다. 여성으로 태어난 한 가지 이유 때문에 어머니와 원수가 되고 딸과 원수가 된 비극적 운명의 연화색녀, 그녀는 아무 잘못도 없었다. 열심히 남편을 받들고 가사를 돌본 것뿐이다. 이것은 애꿎은 운명이 아니라 사회의 타락이 몰고 오는 필연적인 결과였다.

이런 사회에서 음행을 거부한다는 것은 대단히 중요한 의미를 갖게 된다. 남자에게는 쾌락에 빠져 인생을 파멸시키는 것을 막아주고, 여인에게는 더 이상 존엄한 인격이 성적 도구로 전락하는 것을 막아주게 된 것이다.

성을 극복한 남녀는 마치 친구를 만나듯 상대의 인격을 존중한다. 외모나 치장에 신경 쓰지 않고 그의 인간성과 자질을 바로 보게 되며 어떤 경우에도 개인주의적인 사고에 빠지지 않고 구도의 동반자로서 상대를 대하게 되는 것이다.

부처님께서 성 자체를 거부하신 것은 아니었다. 삿된 음행을 하지 말라고 하신 것이다. 서로가 대등한 위치에서 서로를 아끼고

사랑하는 관계를 유지하라고 하신 것이다. 특히 출가 수행자에게
성을 거부하도록 한 것은 성이 마음속 깊이 인간을 소유하려는
애욕에서 출발하기 때문이다. 따라서 이 애욕을 없애지 않는 한,
탐욕을 유발하기 쉬우므로 그 근원을 끊고자 한 것이다.

여성해방은 인간해방

오늘날 미국 같은 데서 어린이를 납치해 약물을 먹여 성적 도구
로 사용함으로써 일년에 희생되는 어린이가 수천 명이나 된다고
한다. 이것은 인간이 쾌락에 깊이 빠지면 존엄한 인격을 망각하고
인간을 도구화하며, 그것에 의해 얼마나 잔학한 일이 벌어지게 되
는가를 보여주는 단적인 예이다.

　뉴욕거리를 걷다 보면 이곳저곳에서 동전 한 닢이면 나체를 보
여주는 곳이 있다고 한다. 육체의 상품화는 인간을 파멸로 이끌지
않을 수 없다. 보고서에 의하면 여성이 직장에서 동료나 상사로부
터 받는 성적인 압력은 인권문제의 차원에서 다룰 만큼 심하다고
하니, 불교인은 마땅히 이 불사음계의 정신을 명심해야 한다.

　불교가 마치 남·녀를 차별하는 교리를 갖고 있는 것으로 오인
하는데, 경전의 어느 곳에도 그런 구절은 없다. 전생에 업이 많아
서 여자가 되었다는 근거도 없는 희구적 논리를 펴면서 여자는
성불을 못하느니, 복을 지으면 죽어서 남자로 된다느니 하는데 그
것은 진정한 불교가 아니다. 이 모든 것은 유교문화권에서 형성된
관습이 불교에 유입된 것뿐이며 승단이 남자 중심적으로 내려오

면서 깨닫지도 못한 눈먼 선사들이 만든 허구에 불과하다.

오늘날 우리 사회에서도 서구 저질문화의 유입으로 여성이 상품화되어 가고 있다. 유교적 봉건잔재에 뿌리박은 성적, 계급적 차별과 서구적 상품주의가 뒤섞여 많은 문제점을 낳고 있다. 여자의 관능적인 모습이 잡지나 TV에 연일 잘 팔리는 상품으로 선전되고 전시된다. 외화를 벌기 위해서는 매춘관광도 좋다는 정책가가 나오고, 어디를 가나 돈만 있으면 사람을 빌리고 살 수 있는 세상이다.

여성해방은 성적인 자유에서만 오는 것은 아니다. 그것은 잘못하면 오늘날처럼 성의 상품화를 조장한다. 인간답게 살 수 있는 능력과 자격을 갖출 때 남녀가 공히 대등해질 수 있는 것이다. 가정과 직장에서 엄연히 차별이 존재하고, 특히 근로자에게 있어서 고용차별과 임금 격차 등의 문제를 도외시한 채 유한 계층의 여성들이 모였다 하면 남자들도 버려야 될 온갖 향락과 도박판에 빠진다든지, 혹은 성적 자유를 논하는 것이 여성해방인 양 주장한다면 이것은 타락이지 운동은 아니다.

인간의 존엄성을 회복하고 인간답게 살려는 것이 인간해방이요 여성해방인 것이다.

인간을 도구화하는 오늘의 사회

당시의 인도 사회는 인간을 도구화하는 가장 큰 요인이 여성에 대한 성적 학대 문제였다. 그렇다면 오늘의 사회는 어떠한가?

인도 사회와 마찬가지로 인간을 도구화하는 요인 중 성적인 문제가 아직도 매우 크게 작용하고 있지만, 그 외에도 근대 이래로 부각되기 시작한 두 가지 주요한 현상을 빼놓을 수 없는 실정이다.

첫째, 노동이 도구화되고 있다는 점이다.

산업사회에 들어오면서 노동은 그 이전 사회와는 확연히 구별될 정도로 완전히 상품화되었다. 종업원은 단지 고용주에게 돈을 벌어주는 기계로 인식될 뿐이다. 적은 돈으로 보다 많은 일을 시키는 방법이 근대 경영의 핵심 문제가 되었고, 이것이 오늘날 경영학이란 학문 장르로까지 전문화되었다.

고용주는 일을 시키고 돈을 주면서도 마치 선심을 쓰듯 주고 있다. 작업환경이 유해하고 임금이 최저생계비를 밑돌아도 상관하지 않는다. 하기 싫은 사람은 언제든지 그만두라는 식이다. 진열장에 전시되어 있는 상품을 비교하듯 노동시장에서 상품을 고르는 식이다. 그야말로 어느 작가의 표현처럼 말 그대로 인간시장인 셈이다. 임금은 안락한 생활을 보장하는 생계비가 기준이 되지 않고 상품의 수요와 공급에 의해 결정된다.

그래서 일할 사람이 부족하면 그 직종의 임금은 상승하기 마련이고, 반대로 일할 사람이 많으면 임금에 대한 고용주의 횡포가 크게 작용할 수밖에 없는 것이다.

이처럼 노동은 하나의 상품으로 인식되고 말았다.

인간은 존엄한 존재이다. 그 누구에 의해서든, 그 어떤 이유로든 인간은 상품화될 수 없는 것이다. 그런데도 인간의 노동력을 상품화하는 현실은 인간을 도구화한 대표적인 현상이라 말할 수 있다. 이는 인간의 생명을 모독하는 것에 진배없다.

본래 진정한 노동이란 각 개체가 그 행위를 주체적으로 할 때 의미가 있는 것이다. 이야말로 상품화되지 않은 참된 노동이다. 가령 등산의 경우는 사실 중노동에 속한다. 하지만 자신이 주체적으로 선택한 것이기에 도리어 기쁜 마음으로 힘겨운 산행을 하는 것이다. 마찬가지로 노동을 주체적으로 하는 것은 수행이 된다. 수행이란 비단 산속에 있는 것만도 아니며, 절에 있는 것만도 아니다. 어디에서든 노동을 주체적으로 할 때는 수행이며, 그것이 올바른 삶이다.

그렇다면 주체적인 노동을 어떻게 할 수 있을까?

주체적인 노동이란 자신이 생산한 만큼 그 이익이 자신에게 되돌아오는 것이 보장된다면, 나아가 먹고 살기 위해서만이 아니라 자아를 실현하고 또 다함께 잘 살 수 있는 정토사회의 구현에 노력하는 주인의식의 고취 속에서 이루어진다. 주인이 되면 저절로 노동은 주체적인 행위가 되는 법이다.

전쟁을 통해 인간이 도구화되고 있다. 총알을 소모하듯 인간을 총알받이로 사용해서는 안 된다. 수억, 수조의 비용이 투입된 첨단 무기라 할지라도 그것을 한 사람의 생명과 맞바꿀 수는 없는 것이다. 인간의 생명은 그 누구도 좌우할 수 없다. 오직 자신만이 생명의 최종 책임자인 것이다.

예부터 통치자는 이데올로기나 특정한 이익을 앞세워 무고한 국민을 전쟁터로 내몰기 일쑤였다.

전쟁이란 시간이 흐르고 나면 마땅히 피해야 하는 것이었음을, 그리고 그 어떤 이유로도 정당화될 수 없는 것임을 누구나 알기 마련이다. 인류 역사가 시작된 이래 얼마나 숱한 목숨들이 무의미한 전쟁의 희생물이 되어 죽어갔는가를 생각해 보라.

지금도 세계 곳곳에선 전쟁의 불씨가 꺼질 날이 없이 연일 도화선에 불을 붙일 궁리만 하는 꼴이지 않은가? 인간이 모인 사회의 행동에는 언제고 그럴싸한 명분이 따라붙는다.

일제의 침략에도 대동아 공영이란 명분이 천명되었다. 오늘의 세계 각국도 자국의 이익이 주목적이면서도, 겉으로는 세계평화라는 저마다의 명분을 내세우고 있는 것이다. 우리 시대에 있어 전쟁만큼 인간에 의한 인간의 도구화가 비극적인 결과를 빚어내고 있는 것은 유례가 없을 정도이다. 그 결과는 너무도 참혹하며, 인간이 이룩한 문명을 후퇴시키기도 하고 후손들에게까지 막대한 타격을 안겨준다.

물론 이외에도 인간을 도구화하는 것은 무수히 많다. 밤낮을 가리지 않고 골목과 집 앞, 거리거리를 깨끗이 치우고 있는 분들을 생각해 보자. 흔히 청소부 하면 우리의 마음속에는 그분도 나와 똑같이 존중받아야 할 인격체로 여기기보다는 더러운 일을 하는 '청소부'라는 허상으로 인식되기 쉽다.

상류층에서 성장한 사람일수록 이 허상이 매우 강하다. 직업에 의한 차별, 피부 빛깔에 의한 차별이나 출신성분, 성별 등에 따른 차별을 아무렇지 않게 행해서는 안 된다. 겉으로 드러난 이름과 외모는 거짓에 불과함을 볼 줄 알아야 한다. 어떤 사람이든 한 점의 차별도 없이 누구나 본래 그대로 부처의 성품을 갖고 있다. 현재의 모습과 직업이나 치장에 집착해서는 늘 껍데기의 삶을 벗어날 수 없다. 이러한 집착은 참으로 인간을 비인간화하며 도구화하는 것이다.

우리의 스승 부처님께서 말씀하신 올바른 삶의 세 번째 가치 '삿된 음행을 하지 말라' 즉 '인간을 도구화하지 말라'의 진정한 의미를 다시 한번 깊이 생각해 보기 바란다.

이 계를 지키지 않고 어찌 선정에 들 수 있으며 이 계를 지키지 않으면서 어찌 청정하고 밝은 지혜를 증득할 수 있으랴. 부처님께서 말씀하시기를 사음을 행함으로써 청정의 종자가 끊어진다고 하셨다.

거짓말을 하지 말라

인간의 진실성에 대한 가치

이는 '진실을 왜곡하지 말고 있는 그대로 전달하라'는 뜻이며 왜곡된 정보전달로 불신 속에 사는 인간의 양심을 일깨우는 말씀이다.

인류는 처음에는 손짓, 몸짓으로 의견을 교환하고 짐승과 같이 신호를 보내 교신을 했다. 이것이 발전하여 지금의 언어가 되었다. 이처럼 언어란 자신의 생각을 보다 올바르게 상대에게 전하거나, 어떤 사물을 보다 정확히 설명하기 위해서 생겨난 것이다. 즉 자신과 사물의 진실을 밝히기 위해서 만들어진 것이다.

그러므로 거짓말을 한다는 것은 첫째 자기를 속이는 것이고, 둘째로는 진실을 속이거나 왜곡함으로써 상대의 지혜를 흐리게 한다. 지혜의 눈이 흐려지면 존재의 실상을 바로 볼 수 없게 되고 끝내는 방황하며 악업을 짓게 되는 것이다. 거짓말은 자기를 속이고 남을 속이는 것이므로 중생을 올바른 길로 이끌어야 하는 불자로서는 마땅히 받들어 지켜야 할 계이다.

거짓말의 종류

거짓말에는 어떤 것이 있는가?

첫째, 개인과 개인 사이에 자기의 이익을 위하여 상대를 속이는 것이 있다. 사기 같은 것도 여기에 속한다. 거짓말을 많이 하게 되면 신용을 잃게 되고 결국은 자기에게 손해기 돌아온다. 「늑대와 소년」이란 동화에서처럼 나중에는 진실을 말해도 아무도 믿지 않는다. 거짓말은 진실의 종자를 끊고 신뢰의 종자를 끊는 큰 죄업이다.

둘째, 집단에서 개인의 이익을 위해 대중에게 거짓말하는 경우가 있다. 이것은 피해가 많이 미치기 때문에 그 죄업 또한 크다. 정치적인 발언이라는 미명 하에 거짓말을 하거나 대중을 무마하기 위해서, 인기를 끌기 위해서, 진실을 왜곡시키기 위해서 거짓말을 하는 경우가 있다. 또 기업인이 과대광고를 한다거나 노동자와 약속을 위반하는 등의 거짓말이 있다. 주로 개인과 집단의 이익을 위해서, 인기를 위해서 하는 거짓말이다.

셋째, 자신의 분노를 참지 못하여 아랫사람에게 화를 내거나 자신의 이익을 위하여 윗사람에게 아첨하거나 듣기 좋은 말을 하거나, 여기 가서는 이 말, 저기 가서는 저 말을 하여 시비를 붙이거나, 남에게 욕설을 하는 등 악담을 퍼부어 남의 가슴에 못이 박히게 하는 것 등이다.

넷째, 개인이나 집단의 이익을 위하거나, 권력의 압력을 받고 자기를 살리기 위해 거짓말을 하는 것이다. 정치인이 진실을 감추고 거짓말을 하거나, 언론인이 정보를 왜곡시키며, 학자가 양심을 속이고 거짓 강의를 하고, 종교인이 시대 흐름에 편승하는 것 등이 대표적인 예일 것이다. 그들은 자신들의 사회적 지위를 이용해 거짓말을 하기 때문에 대중에게 미치는 피해는 매우 크다. 특히 자기를 지탄하는 진실의 목소리를 사정없이 탄압하는 속성까지 갖게 된다.

다섯째, 양심을 주장하는 학자, 종교인들이 주장하는 실천성 없는 거짓말 등이다. 알지도 못하면서 여기저기 남의 이론만 주워

모아 이것이 맞니, 저것이 맞니 하면서 논쟁하고 주장한다.

특히 세속적 이익에 눈이 어두워 중생을 현혹하는 종교인들은 자신들이 마치 성인인 양 행세하면서 중생의 재물과 마음을 앗아 간다. 어설픈 교리로 중생을 현혹시킴으로써 이익을 본다. 이들은 사회의 불안과 혼란, 현대사회의 인간소외, 위기의식 등에 교묘히 편승해서 현대판 주술을 행하는 사람들이다. 종교 때문에 가산을 탕진한 사람, 가정불화가 계속되는 사람들이 얼마나 많은가? 병든 사회를 치유하기보다는 환자를 등치고 병을 덧나게 하는 이런 종교인들의 죄업은 말할 수 없이 크다.

거짓의 죄업을 소멸시키는 길

불교는 스스로 지혜를 증득해야 하며, 거짓에 현혹되지 말아야 한다. 이익을 위하여 남을 가르치거나 거짓으로 남을 속이거나 현혹해서는 안 된다.

또 압력에 못 이겨 진실을 왜곡해서는 안 된다. 학자라면 붓을 던지고 강단에서 물러설지언정 거짓 사상을 전파해서는 안 되며, 언론인이라면 올바른 정보전달을 위해 최선을 다해야 하고, 사회의 진실과 거짓을 찾아 속속들이 밝혀야 한다. 정치인이라면 부처님의 가르침을 실현시킬 수 있는 사회를 위해 목숨을 걸어야 할 것이고, 승려가 되었으면 부처님의 올바른 가르침을 전달하는 데 신명을 바쳐야 할 것이다.

부처님의 가르침이 인도하는 길은 세상의 흐름을 거슬러 가는

길, 역류의 길이다. 이는 세상이 전도되었기 때문이다. 망상을 깨
트리기 위해서는 현존의 사회에서 거슬러 가지 않을 수 없다. 하
루를 살고 죽더라도 진실하게 살겠다는 자세여야 한다.

언젠가는 진실을 말할 수 있는, 정의가 구현된 사회를 건설할
때까지 거짓을 벗겨나가야 한다. 부처님의 가르침을 따르다 겪는
고통은 기쁨으로 달게 받는 것이 불자의 자세이다. 보살이 중생을
구제하기 위해 고행하는 세계는 불국세계이기 때문이다.

지혜광명이신 부처님이 제시한 네 번째 삶의 지침인 이 계를
지키지 않고 어찌 선정에 들 수 있으며, 이 계를 지키지 않고 어찌
진실한 지혜를 증득할 수 있으랴.

술을 먹지 말라

이 계본은 원래 '삿된 소견을 갖지 말라'였다. 술은 정확한 판단력
을 흐리게 하여 삿된 소견을 일으키기 때문에 술을 먹지 말라 하
신 것이다. 앞의 계 해석방법에서 자세히 풀이했기 때문에 간략히
정리한다.

중독성 물질을 섭취하지 말라

술, 담배, 마리화나, 아편, 본드 등과 같이 중독성이 있는 것, 습관성이 있는 물질을 섭취하지 말라는 뜻이다. 중독이 되면 정신이 흐려지고, 몸에서 끊임없이 중독물질을 요구하기 때문에 계속 섭취하지 않을 수 없고 이로 인해 재물까지 손해를 보게 된다. 심하면 현혹되어 실수를 저지르며 마음과 육신이 멍들어 인격을 손상시키며 급기야는 생명까지도 앗아간다.

열 가지 손해는 있어도 한 가지의 이익도 없는 것이 중독성 물질이다. 생각이 흐려지고 올바른 이성이 없어져 앞의 네 가지 계를 어길 뿐만 아니라 삶의 목적까지도 망각할 수 있다.

19세기 중국에서의 아편 중독, 오늘날 세계 각국에서 마약이 성행하는 것을 보라. 결국 개인을 좀먹고 국가를 좀먹고 인류를 좀먹는 것이다.

저질문화를 즐기지 말라

저질문화란 중독성이 있는 문화를 말한다. 물질에 한 시간 취하나, 오락에 한 시간 취하나 그 해독은 마찬가지다. 관능을 자극하는 저질잡지, 저질만화, 저질영화 저질소설 등, 학생들에게 유행병처럼 번지는 전자오락, 불법 VTR 등의 저질문화에 중독이 되면 삶의 목적을 망각하게 된다.

프로문화를 거부하라

프로야구가 시작되면서 얼마나 많은 사람을 바보로 만드는지를 생각해 보라. 눈만 뜨면 TV 앞에 앉아 화면만 들여다보면서 듣고 배운 것이래야 고작 누가 홈런 몇 개 쳤다, 누구 타율이 몇 할이다 하는 것뿐이다. 그것은 올바른 체육정책이 아니다. 야구경기를 보는 것은 육체를 건강하게 하는 것이 아니라 더욱 약하게 할 뿐이다.

체육은 스스로 하는 것이지 구경하는 것이 아니다. 어린아이에게 주는 영향을 생각해 보라. 그런 환경 속에서 자란 어린이가 어찌 민족과 역사 앞에 책임을 다하는 역군이 될 수 있으며 부처님의 가르침을 따르는 불교인이 될 수 있겠는가.

그뿐만 아니라 프로문화는 중독성이 있고 국민의 맑은 정신을 흐려놓으며, 진실을 바라보는 시각을 왜곡시킨다. 링 위에서 싸우는 권투 시합의 경우가 대표적이다. 머리에 피가 흐르고 눈두덩이는 붓고 멍이 들었는데도 때리라고 고함지르며 즐기는 모습이 기독교를 박해하던 로마인들이 사자와 기독교인들을 싸우게 해놓고 함성을 지르며 즐기는 것과 무엇이 다르며, 검투사들에게 칼을 주고 싸우다 죽게 하는 것과 무엇이 다를까?

우리에게는 본래 이런 종류의 문화는 없었다. 프로문화는 대중을 병들게 하고 포악하고 잔인하게 만든다. 이런 것을 즐길 줄 아는 것이 선진시민인 줄 아는데, 천만의 말씀으로 그것은 노예적 근성일 뿐이다. 문화적 식민주의를 극복하고 주체성을 회복하는 데는 부처님의 가르침이 특효약이다.

이 모든 것들이 성행하게 된 것은 불교인들이 지켜야 할 제 가치를 상실했기 때문이다. 우리 불자들이 이러한 기형적인 사회발전의 가치를 부처님께서 말씀하신 방향으로 실천, 인도하여 사회발전의 참다운 가치로 전환해서 창조적 문화의 발달에 이바지하는 데 신명을 아끼지 않아야 할 것이다.

우리에게 올바른 가치를 설정해 주신 부처님께서 제시한 올바른 삶을 살아가는 데 지켜야 할 다섯째 계본인 이 계를 지키지 않고 어찌 선정에 들 수 있으며, 이 계를 지키지 않고 어찌 지혜를 증득할 수 있으랴.

보살계, 불교 지도자의 덕목

이 계본은 근본 5계를 근간으로 하여 좀 더 구체적인 가치관과 행동규범을 정한 것인데, 입문과정을 넘는다고 생각되기에 계본에 대한 상세한 해설은 다음 기회로 미루고 여기서는 총괄적인 설명만을 다루기로 한다.

배우는 사람의 자세

언제 어디서나 진리의 법을 설하는 곳이 있거든 듣고 배우고 의심을 풀어라.   — 보살계 7

경이나 계율 등 바른 법을 말하는 곳이 있거든 나무 아래나 숲속이나 절을 가릴 것 없이 몸소 찾아가 듣고 배우고 의심을 풀어라. 배우는 사람은 때와 장소를 가리지 않는다. 자기의 의심을 풀어주는 사람이 있으면 그가 곧 스승이다.

화엄경의 마지막 장은 선재동자라는 어린 구도자가 세상을 돌아다니면서 53명의 스승을 만나 듣고 배우며 법을 구하는 내용으로 이루어진다. 그가 만난 스승은 학자나 사상가만이 아니었다. 다른 종교인은 물론이고 정치가, 상인, 배 만드는 대목, 의사, 심지어 창녀에게까지 이 세상의 구석구석 각양각색의 전문가를 찾아 진리를 배운다. 스승을 만나면 의심을 풀어라. 의심을 풀 수 없으면 배울 필요가 없다.

이익을 탐하여 학문을 배우지 말고, 중생을 구제하는 대승사상을 배우라. — 보살계 24

학문을 할 때는 이익을 탐하는 공부를 하지 말라고 했다. 탐욕을 충족시키기 위한 것이나, 나의 이익을 위하여 남을 짓밟는 것을 배워서는 안 된다. 모든 사람이 함께 기쁠 수 있고, 고통받는 중생을 구원할 수 있는 대승사상을 공부해야 한다.

스승을 만나면 정성껏 예를 갖추고, 간절히 가르침을 청하라. — 보살계 6

진실된 가르침을 베푸는 스승을 만나거든 예배하고 공양해야 한다. 음식과 앉을 자리와 약과 소용될 물건을 공양하고, 가르침을 듣기 위해서는 간절한 마음으로 신명을 바쳐서 청하되, 배울 때 게으름을 피워서는 안 된다.

교만한 생각을 버리고 항상 겸손한 자세로 배움을 청하라.

- 보살계 22

배우는 자는 항상 겸손해야 한다. 얼마 안 되는 지식을 갖고 교만을 떨어서는 안 된다. 인생에 있어서 진실한 방향이란 학자니 교수니 하는 외형에서 얻어지는 것이 아니다. 눈을 위로만 치켜뜨고서 배우려 하지 말고, 눈을 아래로 돌려서 살펴보라. 곳곳에 스승이 가득하리라.

신라의 스님 자장율사는 당나라 때 중국 청량사에서 문수보살님을 만나서 깨달음을 얻은 후, 귀국하여 강릉군 수다사에 거처하고 있었다. 어느 날 밤 꿈속에서 지난 번 만난 보살님이 나타나서 말씀하셨다.

"태백산의 칡넝쿨이 서리고 있는 곳에서 다시 만나리라."

자장 스님은 태백산으로 가서 그 칡넝쿨이 서리고 있는 곳을 찾아, 그 자리에다 석남원(石南院: 지금의 정암사)을 세우고, 문수보살님이 내려오시길 기다리고 있었다. 시자 하나만을 데리고 열심히 기도를 하고 있는 어느 날이었다. 사립문 밖에 웬 늙은 사람이 승복을 입고 죽은 개를 칡 망태기에 짊어지고 와서 고함을 쳤다.

"자장이 있느냐? 자장이 좀 보러왔다."

시자가 가만 보니 기도 안 찼다. 행색이 초라한 거지가 하고 다니는 꼴도 사납지만, 감히 대사의 이름을 함부로 부르며 고함을 치는 것을 보니, 필경 미친 사람이라고 생각했다.

"스승님을 받들어 온 이래로 우리 스승님의 이름을 함부로 불러대는 사람을 아직 본 일이 없는데, 당신은 대체 어떤 사람이길래 그런 미치광이 같은 말버릇을 하는가?"

그런데도 그 거지는 막무가내로 기도하는 스님께 가려고 했다. 시자가 계속 막으니까 거지도 할 수 없다는 듯 말했다.

"그럼 네가 가서 내가 왔다고 전하기나 해라."

시자는 할 수 없이 스님께 가서 자초지종을 말씀드렸다. 자장 스님은 시자의 말만 듣고 시자에게 말했다.

"아마 미친 사람인가 보다, 돌려보내라."

시자가 다시 걸인에게 와서 그대로 전하고는 꾸짖어 내보냈다. 그러자 걸인은 그가 메고 있던 망태기를 거꾸로 털었다. 그러자 이게 웬일인가? 죽은 개가 사자로 변하고 걸인은 문수보살이 되었다. 보살은 사자에 올라타고는 광명을 내면서 남쪽 하늘로 날아가며 말했다.

"돌아가리로다! 돌아가리로다!

아상(我相)을 지닌 자가 어찌 나를 보리요."

그 소리를 듣고 허둥지둥 뛰어나온 자장 스님은 남쪽으로 남쪽으로 날아가는 문수보살을 향해 따라가면서 자신의 잘못을 뉘우치며 절을 하다가 그 자리에서 쓰러졌다.

《삼국유사》

위의 인용문이 전해주는 메시지는 매우 중요하다. 자장율사와 같은 위대한 스님도 교만심을 가지면, 보살을 친견할 수 없다는 것이다. 또 보살은 휘황찬란하게 우리에게 다가오는 것이 아니라, 아주 보잘것없는 사람의 모습으로 우리에게 다가온다. 그렇기 때문에 우리가 쉽게 발견하지 못하는지도 모른다. 친구로, 이웃으로, 거리의 행상인으로, 거렁뱅이로…. 어쩌면 지금도 이 세상에 바로 여러분 곁에 와 있는지도 모른다. 단지 우리의 교만심이 보살을 볼 수 없게 만든다. 눈을 아래로 돌리면 모든 중생이 스승이요, 보살로 보일 것이다.

스승과 벗을 항상 공경하라.   - 보살계 7

스승은 나에게 삶의 지표를 열어준 사람이다. 나는 스승의 분신이며 그의 정신을 계승하는 제자이다. 스승은 단순한 지식의 전달자가 아니라 나의 어리석음을 깨우쳐 나를 다시 태어나게 한 사람이다. 그리고 벗은 함께 구도의 길을 나선 영원한 도반이며 동지이다. 육신은 다르나 마음은 하나가 된 나의 분신이다. 어찌 공경하지 않겠는가.

가르치는 사람의 자세

아는 것 없이 스승이 되지 말라.   – 보살계 18

교만한 생각으로 잘못 일러주지 말라.   – 보살계 23

제자들이 스승을 대할 때 배우는 마음으로 대해야 하는 것은 당연하지만, 스승이 제자를 대할 때도 항상 배우는 마음으로 대해야 한다. 남을 가르칠 때는 자신의 가르침이 반드시 옳은 것인가에 대하여 항상 스스로 연구하고 배우면서 보다 올바로 가르치도록 노력해야 한다.

만약 자신도 제대로 모르는 것을 함부로 가르치면 자기만 구렁텅이로 빠지는 것이 아니라 남까지 끌고 가니 그 죄업이 얼마나 크겠는가.

특히 제자들을 대할 때는 겸손해야 한다. 제자들이 질문을 하거나 문제점을 지적할 때, 고칠 것이나 문제점은 즉시 인정을 하고 개선해 나가야 하는데 스승된 자가 교만하여 자신을 합리화하거나 잘못 가르쳐서는 안 된다.

삿된 법으로 남을 교화하지 말라.   – 보살계 15

진리가 아닌 거짓된 사상, 연기의 도리가 아닌 운명론, 불법이 아닌 세속법으로 남을 가르치지 말라는 것이다. 부처님의 말씀은 무엇보다도 현실 속에서 현실의 고통을 올바로 극복하기 위한 가르침이다. 그럼에도 불구하고 현실의 고통을 외면한 채 현실도피적인 것을 가르쳐서는 안 된다.

불교는 주변의 환경이나 개인의 부정적인 업까지도 극복해 나가고자 하는 주체적인 사상인데, 전생의 업을 강조하고 운명이나 숙명론을 펴면서 종속적으로 살아가게 한다면 이는 큰 죄를 짓는 것이다. 불교는 자신의 이익보다는 타인의 이익을 먼저 생각하며 함께 행복하기 위한 가르침인데, 오히려 탐욕을 충족시키고 타인을 희생시키면서 자신의 이익을 구하게 한다면 이는 큰 잘못을 범하는 것이다.

이익을 탐하여 잘못 가르치지 말라.　　　　　　　－보살계 16

이익을 위해 남의 스승이 되지 말라.　　　　　　　－보살계 41

오늘날 대학에서나 중·고등학교에서 선생과 학생은 있어도 스승과 제자는 없다는 말이 나오고 있다. 이는 물론 사회적인 교사의 위치나 입시 위주 암기 중심의 일방적이고 성과 위주적인 교육정책에 적지 않은 문제가 있기 때문이다.

그렇지만 가장 중요한 것은 교사나 교수들이 과연 얼마나 이익과 명예를 버리고 올바로 가르치려고 하는지 하는 문제이다. 오늘의 교사, 교수들이 명리와 이익을 탐하지 않고 학생을 가르친다면 사제간의 불신은 그리 크게 문제되지 않을 것이다. 선생이 개인적인 이익을 위해서 혹은 압력에 의하여 거짓을 진실인 양 가르치고 진실을 거짓으로 왜곡한다면, 학교는 한갓 기능적인 지식을 주입하는 지식판매장이 될 뿐이다. 상품을 구입하듯 기능적인 지식을 주입받는 자인 학생이 자신들의 선생을 불신하는 것은 당연한 일인지도 모른다.

언제나 가르치는 사람은 이것이 바른길인가, 대중의 이익을 위하는 길인가를 자신에게 물어가면서 가르쳐야 한다. 세간의 스승도 이래야 하거늘 하물며 종교인이야 말해 무엇을 하겠는가.

계를 가려서 일러주지 말라. - 보살계 40

누구나 부처님의 제자가 되고자 계를 받으려 할 때는, 모든 국왕과 왕자, 대신과 백관, 비구와 비구니, 신남과 신녀, 귀족과 노비, 모든 귀신과 선한 신을 가리지 말고 평등하게 계를 받을 수 있게 해주어야 한다. 출가한 사람은 국왕이나 부모나 친척들에게도 절하지 않고 귀신을 위하지도 않는다. 부처님의 제자가 되려고 할 때, 누구에게나 평등하게 계를 주지 않으면 안 된다.

불법을 따르는 수행자는 누구에게나 평등하게 부처님의 법을 전해야 한다. 그리고 부처님의 제자로 받아들여야 한다. 그러기 위해서는 모든 세상 사람들을 평등하게 보아야 한다.

왕이나 부모에게도 절을 하지 않는다는 것은 단순히 수행자가 왕보다 훌륭하다는 의미만 있는 것이 아니다. 이는 노비나 나이 어린 사람일지라도 모두 평등하게 대하도록 하기 위한 것이다.

그럼에도 불가(佛家)에서 세속적인 권력이나 부를 가진 사람과 그렇지 못한 사람을 대할 때 차별을 둔다면 이는 부처님의 법을 올바로 실천하지 못하는 것이 된다.

공동체 생활규범

공동체란 하나의 이념을 갖고 많은 사람들이 모여 사는 곳이다. 자칫하면 시비가 일어나기 쉽고 불평이 조장되기 쉬우며 혼란이 오기 쉽다. 그래서 각자가 '왜 여기에 와 있는가' 하는 목적의식을 항상 환기하면서 대중의 이익을 개인의 이익보다 우선하며 살아가야 한다.

높고 낮은 차례를 어기지 말라.　　　　　　　　　　− 보살계 40

공동생활을 하는 데 있어서는 무엇보다도 질서가 중요하다. 무엇을 하더라도 많은 사람들이 움직이기 때문에 차례를 지켜야 한다. 승단에서는 무엇을 기준으로 그 차례를 정하는가?

'먼저 계를 받은 이가 앞에 앉고 나중에 계를 받은 이는 뒤에 앉는다. 늙고 젊음에 따라, 비구와 비구니에 따라, 국왕이나 왕자 내지 노비나 천민 따위의 차이를 찾지 말라'고 한다. 오로지 부처님

의 가르침에 입각해서, 계를 먼저 받은 대로 그리고 수행의 정도
가 높은 대로 차례가 정해진다. 그가 나이가 많건 사회에서 신분
이 높았건 간에 관계없이 새로운 가치관에 의하여 차별적 구분이
아닌 절대 평등의 인격을 바탕으로, 선배와 후배 그리고 동지의
관계에서 맺어지는 것이다.

함부로 비방하지 말라. — 보살계 13

공동체 생활을 하는 데 있어서 혹은 대인관계에 있어서 말은 행
동만큼 중요하다. 어찌되었건 한 사람의 뜻이 다른 사람에게 전해
지는 것은 말이 가장 빠르다. 말은 때론 독 묻은 화살보다도 더 남
의 가슴을 아프게 하므로 항상 자비로운 말로 대중을 대하며 함
부로 성질을 내서도 안 된다. 하물며 남을 탓하거나 함부로 비방
을 해서는 안 된다. 그러나 이는 공동체 일원이 잘못한 것을 보고
도 그냥 꾹 참고 못본 체하라는 것을 의미하진 않는다.

계를 범한 사람은 참회시켜라. — 보살계 5

계를 범한 사람을 보거든 반드시 참회시켜야 한다. 지적함으로써
공연히 남의 일에 참견하는 것이 싫고 귀찮다는 생각으로 그냥
지나쳐서는 안 된다. 상대를 참회시키는 것은 공동체 일원으로서
의 권리이며 의무이기도 하다.

　승가는 하나의 목적으로 모여 수행하는 곳으로 모든 사람이 서
로 잘못한 점을 지적하여 주면서 이를 고쳐나가야 한다. 이는 공

동체 성원 전체의 화합을 위하여 이루어져야 한다. 참회시키지 않고 함께 계를 범하면서 즐긴다면 자신과 타인과 공동체 모두를 위하여 그릇된 일이다. 그렇다고 상대방에 대한 자신의 불만을 토로하거나 핀잔을 주는 식으로 지적해서는 안 된다.

진정 타인의 잘못을 시정할 수 있는 방향으로 애정을 갖고, 그러나 엄격히 비판을 하고 참회하도록 해야 한다.

대중을 잘 통솔하라. — 보살계 25

법사가 되거나 교단의 책임자가 되거나 절의 주지가 되거나 어떤 일의 책임을 맡거든, 다투는 대중을 자비심으로 화해시키고 삼보의 재산을 수호하여 함부로 쓰지 말아야 한다.

만약 스스로 질서를 어기거나 삼보의 물건을 함부로 쓰면 죄가된다. 교단이나 사원의 책임자는 그 위치가 어떤 지배력을 갖는 것이 아닌 책임직임을 명심해야 한다. 오히려 보다 더 대중에게 봉사하고 헌신하는 자세로 살아가야 함을 알고 항상 청정성을 유지하며 불법의 이념을 잘 정립시켜야 한다.

정법 수호에 임하는 자세

부처님의 바른 법을 널리 펴고 중생들을 구제하기 위해서는 가르치고 배우는 수행자의 자세와 공동체의 화합을 지켜가는 것만으로는 부족하다. 불교도 사회 속에 존재하는 만큼 사회의 제 세력들과 관계를 맺으면서 그것이 잘못된 부분일 때는 자비와 지혜로써 고쳐나가고, 때로는 받아들이면서 부처님 법을 실현해 나가야 한다. 세속의 세력이 부처님 법에서 볼 때 긍정적으로, 즉 모든 대중을 보호하고 평등하게 행복을 주고 있다면 별 문제가 없을 것이다. 그러나 그 반대일 경우라면 대중들뿐만 아니라 불교도 억압받게 될 것이다. 그렇다면 불제자들은 어떻게 하여야 하는가?

옳지 못한 법으로 제한하지 말라.　　　　　　　- 보살계 43

국왕이나 관리들이 자기들의 세력을 믿고 불교를 파괴할 목적으로 제한하는 법을 만들어서는 안 된다. 출가하여 수행하는 일을 못하게 하거나 불상과 탑과 경전과 절을 만들지 못하게 하는 등 온갖 못된 처사로 교단의 자유를 구속해서는 안 된다. 여러 사람을 교화할 불제자가 어찌 관리의 시중꾼으로 된단 말인가? 국왕이나 관리들이 신심으로 부처님 계를 받았거든 삼보를 파괴하는 일은 하지 말라.

　불교를 파괴하는 일을 하면 큰 죄가 된다.

바른 법을 파괴하지 말라. - 보살계 48

신심으로 출가한 불자가 명예와 이익을 위해 국왕이나 관리들과 결탁하여 불자들을 구속하고 죄인처럼 다룬다면, 그것은 마치 사자의 몸에서 생긴 벌레가 사자의 살을 먹는 것과 같을 것이다. 수행자는 부처님의 계를 비방하고 모욕하는 소리를 들으면 삼백 자루의 창으로 자신의 심장이 찔린 듯해야 할 것이다. 그런데 어찌 스스로 부처님의 계를 깨트리거나 남을 시켜 파괴하는 인연을 지을 것인가.

계를 받은 이는 바른 법 보호하기를 외아들 사랑하듯 하고 부모 섬기듯 하여 파괴되지 않도록 해야 할 것이다.

이것이야말로 오늘날 불자들과 스님들이 곰곰이 생각하고 반성해야 할 계인 것 같다. 불교는 우리나라에서 비록 일반 대중들에게 정신적으로 깊게 영향을 주고 있으나, 진정 대중들의 처지에서서 대중들의 고통을 해결하기 위하여 얼마나 기여해 왔는가는 깊이 생각해 봐야 한다.

이는 결국 부처님의 정법을 얼마만큼 실천하고 있는가 하는 것이다.

오늘날 불교가 대중으로부터 소외되어 가고 이교도의 도전 앞에서 무기력한 것도 결국은 우리 불자들이 부처님의 정법을 수호하지 못하고 대중을 외면했기 때문이라고 할 수 있다. 대중의 신음소리에 귀 기울이지 않고 개인의 영리를 위하여 매불(賣佛) 행위를 하고 권력과 결탁하였던 사람들 때문에 빚어진 현실인 것이다. 통일신라 말기와 고려 말경 불교가 타락하고 탄압을 받았던 것과 광복 이후 점철되어 온 종단의 부패상과 불교탄압도 이러한 연유에서 비롯된 것이라 볼 수 있다.

불자들이 불자 본연의 자세를 찾아나갈 때 이런 문제들은 해소될 수 있을 것이다. 불자 본연의 자세란 불교의 형식을 보호하고 사원을 크게 짓는 것을 말하지 않는다. 불자 본연의 자세란 다른 사람들을 위한 헌신을 말한다.

끝으로 다음의 계본을 다함께 새겨보자.

틈나는 대로 이웃에 불법을 전파하여, 모든 중생이 함께 구원받을 수 있도록 힘써야 한다. — 보살계 45

개차법

계는 신앙의 생명

오늘날 한국불교의 문제점은 어디에 있는가

한마디로 말한다면 그것은 불교 수행자로서, 불자로서 부처님이 제시하신, 반드시 받아 지니고 지켜나가야 할 계의 정신을 상실해 버린 데 있다.

승속을 불문하고 세속적 가치를 추구하면서, 세속적 가치를 보다 쉽게 취득하기 위해 불교를 이용한다. 부처님을 향해 앉아서 부처님께서 버리신 왕궁의 권력과 명예를 구하고, 출가를 했다고 하면서 버려야 할 기득권과 기존의 전도된 세속의 가치를 더 추구하고 있다.

해탈을 구하면서 아집과 독단은 더욱 커져만 가고, 열반을 주장하면서 권위와 재물에 집착한다. 중생구제를 외치면서 산중에 안주하거나, 연기를 말하면서 인과를 믿지 않는다.

어찌 이렇게 하면서 불법 문중의 수행자라고 할 수 있으며, 온 우주의 대 스승이신 부처님의 제자라고 할 수 있는가.

부처님이 설하신 계는 바로 이러한 세상의 모든 잘못된 가치를 다 버리고 다시 생각해 볼 수 있는 새로운 가치의 기준이 되는 것이다. 우리는 이 계를 생명처럼 여겨야 한다.

계는 우리를 열반으로 이끄는 영원하고 단단한 생명의 줄이며 구원의 밧줄이다. 계는 지키는데 뜻이 있고 또 계를 지키는 것은 곧 올바르게 사는 것이다.

열리기도, 닫히기도 하는 개차법의 정신

계는 목숨을 다하여 지켜야 한다. 그러나 계를 지킨다는 것은 계의 올바른 정신을 지킨다는 것이지 계의 자구(字句)를 그대로 지키는 것은 아니다. 이는 앞에서 자세히 다루었듯이 세 가지 기준(상징성, 역사성, 표현의 단정성)에 비추어 그 근본정신을 찾아야 한다. 또한 계는 그 우열이 있으니 절대계에 비추어 나머지 계의 파계는 상황에 따라 인정이 될 수 있다.

따라서 모든 계는 생명의 계인 '불살생계'를 중심으로 생각해야 한다. 또한 모든 계는 자신의 올바른 삶을 위하여, 그리고 자신보다는 타인의 행복을 위하여 실천해야 하는 것임을 명심해야 한다.

만약 어떤 사람이 살인강도에게 쫓겨서 도망가고 있을 때 당신에게 도움을 청하고 옆길로 숨었다고 하자. 곧이어 강도가 쫓아와 당신에게 칼을 들이대며 도망간 곳을 대라고 할 때 당신은 어떻게 할 것인가?

불망어계를 범할 것인가? 불살생계를 범할 것인가? 당연히 불망어계를 범하고 불살생계를 지켜야 한다. 그러나 이 경우 종국적으로 보면 불망어계를 범한 것이라 할 수 없다. 오히려 그 강도에게 불살생계를 지키게 해주고 결국은 강도를 위하여 생명의 가르침을 전한 것이 되는 셈이다. 불망어계란 자신의 이익을 위하여 타인을 고통 속에 빠트리는 것에 대한 경계를 주는 것이니, 오히려 사람을 살리기 위한 거짓말을 한 것이 진정한 불망어계를 지키는 길이 되는 것이다.

부처님께서는 이처럼 계의 자구에 얽매여 계의 근본정신을 잃는 것을 우려하여 개차법(開遮法)을 말씀하셨다.

"계는 지킴으로써 지키며, 파함으로써 지킨다.
계는 파함으로써 파하며, 지킴으로써 파한다."

불교의 계란 이른바 열리기도 하고 닫히기도 하는 법이다. 어쩌면 불교의 묘미는 여기에 있는지도 모른다. 그렇다고 해서 계는 지켜도 되고 안 지켜도 된다는 생각을 해서는 안 된다. 요즈음은 이 개차법이 너무나 왜곡되어 자기 편의 위주로 잘못 이용되고 있다.

심지어 어느 정도 계를 어기는 것이 마치 깨달음을 얻어 도가 트인 것으로 착각하기도 한다. 이러한 세태는 당연히, 그리고 단호히 부정되어야 한다. 자구에 얽매이기에 앞서 계를 목숨으로 지키려 하는 것이 개차법의 올바른 정신이다.

지계와 파계의 사례 연구

이제 계를 지킴으로써 지키며 반면 계를 파함으로써 도리어 계를 지킨다는 의미를 구체적인 사례 속에서 이해해 보자.

사례 1

푸르른 하늘, 유유자적한 뭉게구름을 올려다보며 젊은 스님 한 분이 이마의 땀을 닦고 있었다. 바야흐로 낮은 찌는 듯한 무더위가 기승을 부리는 한여름이라 저 아래 강가에선 멱을 감는 사람들의 환성이 시원스레 울려 퍼지고 있었다.

스님이 강가를 지나치고 있을 무렵 갑자기 비명소리가 들려왔다. 친구들과 장난을 치던 한 여성이 급류에 휘말려 허우적거리고 있고 다른 사람들은 그저 울며 발을 동동거리고 있을 뿐, 누구도 감히 뛰어들어 구해낼 엄두를 내지 못하고 있었던 것이다.

참으로 순식간에 일어난 일이었다. 돌연한 상황에 직면한 스님은 일순 눈앞이 아득함을 느꼈다.

이 스님을 발견한 어린아이들과 여자의 친구들이 스님의 옷자락을 붙잡고 매달렸다. "스님, 수영 잘하시면 제발 좀 구해주세요. 저희들은 다 헤엄을 못쳐요, 스님 제발 살려주세요." 수영이라면 자신있는 스님이었기에 갈등은 더욱 심했다. 비구의 몸으로 여자의 몸에 접촉하는 일은 곧 파계였다. 하지만 지금 물에 빠진 여자는 생명이 위급하지 않은가? 곧장 물속에 뛰어들어 여자의 몸 가운데 어느 부위라도 붙잡아 구해내야 할 것인가, 이대로 있어야 할 것인가.

사례 2

어느 나라에서 불교를 극심하게 탄압하였다.

누구든지 불교를 믿으면 5년 이상의 중형을 받았고, 스님의 경우는 적발이 되면 10년 이상 감옥살이를 해야 했다. 이에 징벌을 두려워한 대다수 사람들이 신앙을 포기하고 일부는 관리들의 눈을 피해 보이지 않는 곳에서, 개인적으로나 마음속으로만 부처님을 찾고 있었다.

이때 한 스님이 오랫동안 산속에서 수행을 하다 몇 년 만에 마을로 내려왔다가 포졸들에게 붙잡혔다. 그 고을의 수령은 예전에 불교신자였던 터라 어떻게 해서든 이 스님을 구해주고 싶었다. 따지고 보면 이 스님이 법령을 무시했다기보다는 산속에서 오랫동안 수행하느라 불교금지령이 내려진 사실을 알지 못했을 뿐이기 때문이다.

그래서 이 수령은 스님에게 조용히 일러두었다. "재판장에 나가서 앞으로 계속 불교를 믿겠느냐는 질문에 무조건 아니오라고 답하십시오. 그래야 풀려납니다. 만일 계속 믿겠다고 하시면 바로 10년형이 내려질 것입니다." 즉, 이말은 모르고 한 일이니 잘하면 관대히 선처받을 수 있다는 것이다.

그리고 풀려나야 다시 수행도 할 수 있고 또 몰래 혼자서 믿으면 되는 일이라고 설득조의 말까지 남기고 돌아갔다. 즉 세상이 바뀌면 아마 불교금지령도 풀릴 것이니 일단 살아남아 후일의 대책을 강구하는 일이 더 중요함을 의미한다는 점에서 이치가 맞는 말이었다.

재판장에 나간 이 스님이 '예'와 '아니오' 중 어떻게 대답하는 것이 올바른 자세일까?

1. 사례 1에서는 무엇보다도 우선 불살생계를 중심에 두고 물에 빠진 여인을 신속히 구해내야 한다. 물론 비구계를 수지한 자에겐 불사음계는 말할 것도 없고, 여인의 몸에 가까이 가거나 말을 나누는 것조차 금하고 있기는 하다. 허나 이는 항시 삿된 음욕을 경계하라는 데 근본 취지가 있는 것이고, 보다 중요한 목적, 이를테면

사람의 생명을 구하는 일과 같은 경우라면 응당 여인의 몸 어떤 부분이라도 우선 붙잡아 건져내야 하고 또, 인공호흡을 위해서라면 여인의 입에 산소를 불어넣어 주기도 해야 하는 것이다.

만일 불음계를 지키기 위해 수수방관만 한다면 이 상황에서 스님은 그보다 더욱 큰 죄업, 즉 생명의 죽음을 방치한 죄를 저지르게 된다. 앞에서도 말했지만 모든 계 가운데 가장 근본이 불살생이라 했다. 따라서 위급한 상황에서 비구라는 체면에 연연해선 안 된다. 이때 물에 뛰어들어 여인의 가슴을 끌어안아 간신히 구해냈다고 할 때 이 스님은 계를 파함으로써 계를 지킨 경우에 해당한다고 말할 수 있다. 문제는 여인을 구해놓고 그 뒤로도 여인이 눈에 떠오른다면 자신의 수행을 더욱 부단히 탁마해 가면 될 일이고, 오직 생명을 구하는 데만 집중했고 그 외 다른 번뇌가 일어나지 않는다면 더더욱 좋은 일인 것이다.

2. 사례 2의 스님은 결코 그 어떤 이유로도 '아니오'라 답해서는 안 된다. 즉 후일을 도모하기 위해 우선 자신의 신앙을 부정한다는 것은 설령 살아남는다 해도 진정 살아있는 것이 아님을 알아야 한다.

본시 신앙의 자유란 종교의 선택과 믿음의 자유와 함께 포교의 자유가 있어야 한다. 따라서 포교할 수 없는 자기만의 신앙이나 숨은 신앙은 진정한 신앙이 아니다.

부처님의 45년 삶을 보라. 단 하루 단 한 순간도 전교활동을 멈추신 적이 없었다. 언뜻 생각하기에는 수령의 이야기가 이치에도 맞는 것 같고 또 거짓말에 불과한 '아니오'란 말 한마디면 살아남아 후일 큰일을 할 수 있을 것 같지만 실제는 그렇지 않다.

불교적 관점에서 보면 구차하게 살아남느니 차라리 중형이나 사형에 처해지는 것이 이후의 어떤 활동보다도 그 인과에 미치는 영향이 더욱 크다. 신앙의 자유란 단지 개인적으로 믿는 것이 아니라, 진리를 전파할 자유가 보장되어야 한다. 때문에 신앙의 자유가 완전히 보장되는 데는 시대와 나라에 따른 곡절을 무수히 겪어야만 했던 것이다.

개인적 신앙의 자유로써 신앙의 자유를 논한다면 이 세계 어느 곳이든, 또 어느 시대이든 종교의 자유가 없는 곳은 하나도 없을 것이다.

모름지기 신앙은 외부적 강제에 의하여 굴절되거나 왜곡돼서는 안 된다. 더구나 사례 2와 같이 한마디의 '예' '아니오'의 대답이 사람들에게 미치는 영향이 막대할 때는 더더욱 그렇다.

모두가 '지금은 때가 아니니 우선 몸을 보신하자'는 식으로 진리를 외면하고 숨긴다면 그 진리는 영원히 찾을 수 없는 법이다. 진리는 찾고자 나설 때 얻어지는 것이지 절대로 어느 날 저절로 얻어지는 것이 아니기 때문이다. 개인의 이익에 의해, 외부의 압력에 의해 어쩔 수 없이 거짓말을 하는 많은 사람들로 인하여 현실은 항상 진리가 왜곡되어 다른 모든 대중이 고통을 받게 되는 것이다.

그러므로 단 하루를 살고 죽더라도 계행을 청정히 할 수 있는 삶을 살아야 한다. 한순간이라도 진실을 외면한 거짓된 삶은 제아무리 오래 살아도 이미 굴절된 것이기에 살면 살수록 업만 짓는 결과를 낳는다. 곧 헛된 삶만 사는 꼴이다. 이런 이유로 청년 이차돈의 죽음은 그가 죽은 지 천년이 지난 지금 우리에게까지 새로운 생명으로 살아 있는 것이다. 그는 우리와 또 우리 후손들의 가슴 속에도 영원히 푸르른 생명으로 살아있을 것이다.

이것이 계를 지킴으로써 계를 지키는 것이다.

진실한 신앙생활

과거를 따르지 말라
미래를 바라지 말라
한번 지나간 것은 이미 버려진 것
그리고
미래는 아직 도달하지 않았다
당면한 일들을 자신의 처지에서 잘 살펴서
흔들림 없이 바르게 판단하라
다만 오늘 해야 할 일에 부지런히 힘쓰라
누가 내일에
죽음이 있을지 알 것인가

《중부경전》

신앙이란 무엇인가

진실한 신앙인

삼보를 의지하여 살아가리

신앙이란 무엇인가?

믿고(信) 우러러(仰) 따르는 것을 말한다.

우리는 세상을 살아가면서 여러 가지 고난과 고통을 겪게 된다. 그리고 그 어려움을 극복하기 위해서 여러 가지로 노력하고 애쓰며 살아간다. 이렇게 살아가는 데 있어서 세상에는 또 여러 가지 가르침이 있다. 그중에서 자신에게 가장 옳다고 여겨지는 것을 믿고 우러르며 그 가르침대로 살아가는 것을 신앙이라고 한다.

자신이 진리라 믿고 의지하는 어떤 가르침이 있을 때 그는 신앙이 있는 것이며, 그 진리대로 살아가려는 사람을 우리는 신앙인

(신자, 신도)이라고 한다.

일반적으로 신앙이 성립하기 위해서는 먼저 우리들과 같은 고난과 고통을 당하면서도 올바른 방법에 의해서 그 문제를 해결해 간 사람이 있어야 한다. 그리고 그 방법을 옳다고 믿고 확신하면, 그의 가르침에 따라 그와 같이 자신의 문제를 해결하고자 노력하는 사람들이 있어야 한다.

불교에서는 부처님과 그 가르침, 그리고 부처님의 삶과 진리의 말씀에 입각해서 자신과 세상을 구원하려는 사람들을 각각 불·법·승(佛·法·僧)이라고 한다. 그리고 이 삼보를 믿고 의지하여 살아가는 사람들을 불교신자라 말한다.

부처님 모습을 닮아

삼보 중에서도 으뜸은 부처님이다. 우리는 삼귀의를 할 때 맨 처음 '거룩한 부처님께 귀의합니다'를 맹세하며 무릎 꿇는다. 부처님은 중생들의 고통을 해결하기 위하여 부귀와 권력과 명예를 버리고 한갓 걸인의 몸이 되어 중생을 구제하여 주신 분이다. 그러므로 부처님께 귀의한다 함은 부처님의 삶을 본받아 나와 남의 고통을 소멸하고 모두 함께 불세계에 들고자 다짐하는 것이다.

부처님은 무엇으로 중생을 구제하여 주셨는가? 지혜와 자비로써 우리 인간들이 안고 있는 고통을 제거하여 주셨다. 그래서 부처님께 귀의할 때 '귀의불 양족존(歸依佛 兩足尊)'이라고 한다.

"지혜와 자비가 구족하신 부처님께 의지하오니, 저희도 그와 같이 지혜와 자비를 두루 갖추어 모두 함께 불세계에 들게 하소서."

지극한 예를 올리며 다짐하는 것이다.

자신과 이웃의 고통을 해결하기 위해서는 자비와 지혜가 갖추어져야 한다. 이 지혜와 자비를 갖추고자, 그리고 이를 실현하고자 노력할 때 부처님의 모습을 닮아가는 것이며 진실한 신앙인이 되는 것이다.

지혜와 자비란 무엇인가

자유와 해방의 빛

지혜는 아무런 비판이나 창조적인 사고가 없이, 드러난 사실만을 기억하는 일반적인 지식과는 구별되어야 한다.

지혜란 끊임없이 문제를 제기하여 어디에도 끄달리거나 안주하지 않으며, 모든 편견과 아집을 떨치고 세상의 모든 것을 있는 그대로 냉정하게 볼 수 있는 눈을 말한다.

지혜는 항상 올바르게 살려는 자기 본성(불성)에 근본을 두며, 냉정한 이성과 직관을 통한 올바른 관찰력과 판단력에서 온다. 그러므로 지혜에 입각해서만이 어떠한 사회적 조건이나 역사적 한계 속에서도 특정 이념에 고정되지 않으며, 흔들리거나 퇴색하지 않는 절대의 진리에 입각한 명확한 이론을 발견할 수 있다.

지혜란 무명에 싸인 우리의 업장을 끊어버리는 날카로운 칼날이며, 우리의 고통스러운 현실을 올바로 보고(苦), 그 원인을 정확히 규명함으로써(集), 고통이 해결된 상태를 찾아(滅), 그것을 실현해 가는 길을 제시하는 것(道)을 말한다. 지혜란 암흑의 고통 속에서 헤매는 우리들에게 올바른 길을 인도하는 자유와 해방의 빛이다.

지혜의 특징

밀린다왕은 나가세나 스님에게 물었다.

"스님, 지혜의 특징은 무엇입니까?"

"지혜는 광명을 그 특징으로 합니다. 지혜가 생길 때는 무명의 어둠을 깨트려 무명의 등불을 밝히고, 심오한 진리를 드러냅니다. 그리하여 수행자들은 모든 것을 '무상이다, 무아이다'라고 밝은 지혜로 보려고 합니다."

"비유를 들어주십시오."

"왕이여 잘 들으시오. 어떤 사람이 어두운 방 안에서 등불을 켰다고 합시다. 그는 어둠을 깨치고 광채를 발하며 빛을 비추는 등불로 인하여 그곳의 물건을 올바로 볼 수 있는 것과 같습니다."

〈밀린다 왕문경(王問經)〉

자비, 나눔의 기쁨

자비는 자신의 욕망을 충족시키고 남는 것을 남에게 베푸는 동정이나 일반적인 사회봉사와는 구별되어야 한다. 자비란 자기에게만 집착하거나 안주하지 않으며 모든 이기와 탐욕을 떨치고 모든 중생을 자신과 평등하게, 아니 자신과 한 몸으로 보고 살아가는 길을 말한다.

자(慈)란 본래 우정에서 연유하며, 주종관계가 아닌 대등한 관계에서의 사랑을 뜻한다. 내가 가진 기쁨과 부와 권력을 내 이웃에게 나누어 줌으로써 나누어 갖는 것을 자(慈)라 한다.

비(悲)란 본래 연민(憐憫)에서 연유하며 함께 가슴 아파하는 것, 고통에 동참하는 것을 뜻한다. 이웃의 고난과 고통과 무기력을 나누어 받음으로써 함께 나누는 것을 비(悲)라 한다.

자비는 모든 것을 이웃과 함께 나누어 가지려는 자기 본성에 그 근본을 두며 끊임없는 사랑과, 대가를 바라지 않는 자기희생 속에서 타인과 일체가 되는 것이다. 그러므로 어떠한 조건과 상황 속에서도 주저하거나 위축됨이 없이 모두와 함께하려는 평등성을 실현하는 것이다.

온 중생이 함께 해방되는 길

지금 나의 주변에 고통을 받는 사람이 있고 권력, 재물, 명예 어떠한 면으로든지 내가 남보다 더 많이 가졌다면 현재의 나의 기쁨은 고통받는 사람들이 있기에 가능한 것임을 알아야 한다. 내가 힘들게 일하지 않고 편히 살 수 있는 것은, 나보다 힘들게 일하면서도 어렵게 살아가는 사람들이 있음을 전제로 하는 것이다. 그러므로 자비의 나누어 가짐은 내가 가진 기쁨과 부는 본래 내 것이 아닌, 즉 나에게 맡겨 둔 이웃의 것을 돌려주는 당연한 나누어 가짐이다(慈).

또한 이웃의 고통과 가난은 본래 내 것을 이웃이 대신 짊어지고 있으므로 돌려받는 당연한 나누어 가짐이다(悲).

자비는 무조건적인 사랑을 말하지만 그 중 비(悲)가 더 적극적인 사랑을 뜻한다. 가진 것을 나누어 주기는 쉽다. 그러나 고통에 동참하기는 대단히 어렵다. 고통에 동참하는 것이 가장 큰 사랑이다. 그래서 '대비관세음보살'의 위대함에 우리는 늘 머리 숙이는 것이다. 고통을 나누어 짊어지려면 대단한 용기와 인내가 필요하다. 그러므로 자비행은 불세계에 대한 확고한 신념을 갖고 밖으로는 대중에게 항상 유연한 자세와 품성을 가져야 하며, 무한한 포용력을 지니지만 자신에 대해선 계행에 의한 엄격한 절제를 요구한다.

본래 자비란 이론이 아니다. 오직 실천될 때만이 그 의미를 갖는다. 자비란 탐욕과 이기로 인한 불평등과 차별 속에서 너와 나의 분별을 끊고 평등성을 실현함으로써 온 중생이 함께 해방되는 길이다.

참 수행자, 보살의 길

자비와 지혜의 조화

지혜는 자비행을 통해서 실천될 때만이 세상의 어둠을 밝히는 빛
이 될 수 있으며, 자비는 지혜의 만족으로 실천될 때만이 세상의
악취를 제거하는 향기가 될 수 있다. 지혜가 없는 자비는 맹목적
행동을 동반하기 쉽고 개인 선행에 치중하기 쉽다. 자비가 없는
지혜는 분별시비나 일삼는 사변으로 흐르고 스스로 아무런 선행
도 닦지 않으며 비판만을 일삼기 쉽다. 전자는 속화되기 쉽고, 후
자는 엘리트 의식에 빠지기 쉽다. 이들이 잘 조화를 이룰 때 참 신
앙이 되는 것이다.

순수신앙이란 부처님의 바른 가르침을 실천하는 것이며 부처
님의 삶을 닮아가는 것이지, 개인주의적 신앙을 말하는 것은 아니
다. 차를 마시고 붓글씨를 쓰는 멋으로 하는 불교, 산수 좋고 공기
좋은 데서 시나 읊조리는 도피주의, 글자 풀이로 먹고사는 학문주
의, 오래 살기 위해서 참선하는 건강주의, 가끔 조용한 산사를 찾
아 심신을 식히는 여가주의, 세속의 이익에 눈이 어두운 출세주
의, 치부주의, 명예주의, 병고침을 내세우는 신비주의 등 니름대
로 삿된 길을 내달리며 자기 합리화에 급급한 이들은 거짓 수행
인들이다.

자비는 발원 기도를 통해, 지혜는 참회를 통해

신앙의 근본은 지혜로써 올바른 삶의 가치를 찾아내어, 자비로써 이를 실천하는 데 있다. 현실의 모순과 인간의 고통을 올바로 보고 밝혀서 그 고통의 원인을 제거하여 대중을 안락에 들게 하는 것이 순수신앙인 것이다.

그러나 현재 우리의 모습은 혼란된 가치 속에 휩쓸려 지혜의 빛은 가려지고 탐욕은 자비의 실천을 가로막아 종속적인 중생으로 살아가고 있다. 그러므로 어리석음과 탐욕을 깨트리고 지혜와 자비를 실현하기 위해서는 끊임없이 참회와 발원기도로써 수행해야 한다.

지혜는 참회를 통하여 더욱 빛나고, 자비는 발원기도를 통해 더욱 힘이 솟는다. 계를 지키지 않으면서 불교의 교리를 논하고, 참회하고 발원하지 않으면서 신앙인임을 자부한다면 그들은 이미 진실한 신앙인이 아니다.

참회와 발원기도를 통하여 스스로는 끊임없이 지혜를 구하고(上求菩提) 밖으로는 자비로써 중생을 구제하는(下化衆生) 수행자를 참 신앙인이라고 하며 이를 보살이라 한다.

중생의 길, 부처의 길

불법은 세상을 거스르는 진리

우리들의 삶과 부처님의 길

우리는 욕망을 즐기고 욕망에 빠지면 소유욕을 충족함으로써 만족해하고, 그로 인해 일시적이고 조건 지어진 기쁨을 얻는다. 그러나 부처님은 욕망을 떨쳐 버림으로써 무소유에 의해 영원하고 무조건적인 절대의 기쁨을 누리셨다. 우리는 왕궁을 추구하지만 부처님은 자신의 이익을 버리고 대중의 이익을 추구하셨다. 그러므로 부처님의 가르침은 세상의 흐름을 거역한다.

우리는 소유욕이 충족되면 그것으로 인하여 보다 많은 쾌락을 누릴 수 있고 자유롭고 편안할 것으로 생각한다.

그러나 욕망은 태우면 태울수록 더 많은 장작을 필요로 하는 장작불꽃처럼 갈수록 보다 큰 욕망이 생기게 된다. 탐욕의 불꽃을 꺼트리지 않는 한, 결코 채워질 수 없는 욕망을 채우기 위해 무수한 악업으로 타인을 고통 속에 빠트리며, 자신도 그 욕망에 종속되고 구속되는 삶을 살아가는 것이다.

세속의 삶은 순간적인 달콤함과 쾌락으로 우리를 유혹한다. 그러나 그 후유증이 곧 뒤따라서 살아갈수록 타인과 자신에게 회의와 불안과 고통이 따르기 마련이다. 부처님이 제시한 길은 어렵고 무미건조한 것 같아 보인다. 그러나 욕망의 굴레로부터 벗어나 욕망에 구속되지 않으므로, 살아갈수록 평안과 만족을 얻는다. 이처럼 욕망의 불꽃을 말끔히 꺼 버림으로써 평안을 얻는 것이 부처님의 길이다.

눈 밝은 이의 기쁨

소 치는 다니야가 말했다.

"소를 매어 놓은 말뚝은 땅에 박혀 흔들리지 않습니다. 문자풀로 꼰 새 밧줄은 잘 꼬여 있으니 어미 소도 끊을 수 없을 것입니다. 그러니 신이여 비를 뿌리려거든 비를 뿌리소서."

부처님은 말씀하셨다.

"황소처럼 고삐를 끊고 코끼리처럼 넝쿨을 짓밟았으니, 나는 다시 윤회의 고통에 들지 않을 것이다. 그러니 신이여 비를 뿌리려거든 비를 뿌리소서."

이때 갑자기 검은 구름이 비가 되어 뿌리더니 골짜기와 언덕에 물이 넘쳐흘렀다. 이를 보고 다니야가 말했다.

"오늘은 거룩한 스승을 만나 얻은 바가 참으로 큽니다. 눈이 있는 이여, 당신께 귀의하오니 스승이 되어 주소서."

이때 악마 파피만이 말했다.

"자녀가 있는 이는 자녀로 인해 기뻐하고, 소를 가진 이는 소로 인해 기뻐한다. 사람이 기뻐하는 근본은 집착이다. 집착할 곳이 없는 사람은 기뻐할 것도 없다."

부처님은 말씀하셨다.

"자녀가 있는 이는 자녀로 인하여 근심하고, 소를 가진 이는 소 때문에 걱정한다. 참으로 사람들의 고통은 집착에서 생긴다. 집착이 없는 이는 근심 고통할 것도 없다."

《경집(經集)》, 〈다니야경〉

젊은 청춘이 오욕을 버리기는 어렵다. 그러나 젊은이들만이 오욕의 허구를 볼 수 있다. 부처님의 가르침은 세상 밖에 있는 것이 아니라, 세상 안에 있으면서 세상을 거스른다. 젊은이들만이 이 거슬러 가는 진리의 길을 볼 수 있다. 싯다르타 태자가 그랬고 예수가 그랬다.

왜 예수는 거대한 사원에서 들려오는 하느님의 소리를 듣지 않고, 황야에서 기거하는 요한으로부터 세례를 받고 사막에서 깨달음을 얻었는가? 왜 싯다르타는 호화로운 궁성에서의 기득권을 포기하고 한갓 걸식하는 사문에게서 진실을 듣고 고통의 현장으로 나오게 되었는가? 그것은 진리가 세상을 거슬러 흐르기 때문이다. 아니 세상이 진리를 거슬러 흐르고 있기 때문이다.

부처님을 닮아가는 길

쉽고도 어려운 부처의 길

사실 진리는 거스르지도 흐르지도 않는다. 다만 세상의 가치관이 전도(顚倒)되어 오욕의 물결이 흐를 뿐이다. 마치 강물 위에서 배를 탄 사람에게는 산천경개가 뒤로 가듯이, 오욕의 물결에 휩쓸린 중생에겐 불법이 세간을 역류하는 것처럼 느껴질 뿐이다.

그렇기 때문에 부처님을 따른다는 것은 쉽고도 어렵다. 부처님을 따르는 길은 세상을 올바르게 보고 똑바로 알게 해 준다. 마치 눈을 뜨고 길을 가는 것처럼 쉬운 일이다. 그러나 우리 중생에겐 너무도 어렵게만 느껴진다. 간혹 진실을 회의하기도 한다. 또는 진실을 믿기는 하지만 현실 생활 속에서 그렇게 살아가는 것이 어렵게만 느껴진다. 그렇다면 이렇게 우리를 방황하고 헤매게 만들고 고통을 주면서 부처님의 길을 따라가지 못하게 만드는 것은 무엇인가? 이것을 업장(業障)이라고 한다.

업장이란

자신의 불성을 찾고 불세계에 들어가는 데 장애가 되는 업, 즉 올바른 삶을 살아가고자 하는데 장애가 되는 모든 것을 업장이라고 한다. 업장에는 크게 두 가지가 있다. 그 하나는 나의 그릇된 마음이다.

부처님의 가르침을 올바로 보지 못하는 마음, 즉 불성을 가리고 그 빛을 가로막는 탐욕과 무명의 업장이다. 이것은 자기 밖에 있는 것이 아니라 바로 자신 속에 있다. 자신이 과거에 지은 죄업의 덩어리가 바로 업장인 것이다.

우리는 업장이라고 하면 흔히 개인의 업장(個業)만을 생각한다. 그러나 보다 중요한 또 하나의 업장은 개인의 업장이 아니라 중생들이 만들어 낸 공동의 업장이다. 부처님의 가르침을 따라 불국토를 건설하려는 데 있어서 현실적으로 어렵고 고통스럽게 만드는 세속의 물결-잘못된 사회구조와 가치관-이 바로 공업인 것이다. 이 업장은 본래부터 있었던 것이 아니라 각각의 개인의 업장이 모여서 이루어진, 거대한 공업의 덩어리이다. 이것은 개인의 영역을 넘어서 오히려 각각의 개업을 지배하고 구속한다.

인간의 생명은 몸과 말과 뜻으로 지어온 업의 종체로써 형성된 업의 덩어리지만 이 업이 오히려 각 몸과 말과 뜻을 지배하게 된다. 마찬가지로 동업(同業) 중생들이 과거로부터 지어온 업장은 개인의 업으로만 끝나지 않고 하나의 거대한 동업의 업장을 형성한다. 이를 역사의 업장이라 말할 수 있다. 그런데 이 동업의 업장이 나름대로 규정력을 갖고 오히려 개별 인간의 업을 지배하게

된다. 이 거대한 공업은 각 중생을 업장의 울타리 속에 가두고서
고통 속에 헤매게 하고 있는 것이다.

방황의 종지부

과거나 현재에 있어서 이 세상 어느 나라에서든 오욕의 거센 물
결은 조금도 변함없이 도도히 흐르고 있다. 우리는 이 물결에 휩
쓸리지 않으려고 하지만 옷이 젖고 몸과 마음까지도 빠져든다. 밧
줄을 잡고 있는 것이 사는 길이지만, 마음은 손을 놓아버리고 거
센 물결을 따라가는 것이 편하게 느껴진다. 그래서 잡은 밧줄을
놓았다가는 또 잡고 허우적거리기를 되풀이하는 것이다.

부처님도 출가 전의 10년을 이 길에서 방황하였다. 방황이 무
조건 나쁜 것은 아니다. 가야 할 목적지를 확인한 사람은 언젠가
는 가고야 만다.

이 방황의 길에 선 사람들이 우리들이며, 거센 물결은 우리의
업장이고 잡은 밧줄은 오계인 것이다. 세상의 거센 물결 속에서도
이 오계의 밧줄만 잘 잡고 있으면 휩쓸리지 않는다. 이 방황의 길
에서 부처님의 가르침에 기준을 두고 거짓과 오욕의 업장에 끄달
리는 마음을 뉘우치며 목적지를 재확인하는 것을 참회라고 한다.
그리고 부처님의 길을 따르고자 원을 세우고, 자신의 업장에 얽매
이거나 세속의 물결에 휩쓸리지 않기 위하여 고난을 극복해 나갈
힘과 마음을 키우는 것이 기도이다. 그리하여 마침내 불세계에 도
달하게 되는 것이다.

참회와 기도

참회란 무엇인가

불교 신앙의 핵심

세속의 삿된 가치 속에 정신없이 휩쓸려 다니다 자신의 잘못을 깨닫고 삼보에 귀의하는 삼귀의례는 자신의 지난날에 대한 참회로부터 시작된다. 아만과 아집에 가득찼던 자신을 겸허하게 돌아보고 자신의 잘못된 삶과 어리석음에 대한 반성, 앞으로 부처님의 가르침대로 올바로 살아가겠다는 다짐, 이것은 불교 신앙의 첫걸음이며 신앙생활의 핵심이다.

"참회(懺悔)란 무엇인가?
참(懺)이란 지나간 허물을 뉘우침이다.

전에 지은 악업인 어리석고 교만하고 허황하고 시기 질투한 죄를
다 뉘우쳐 다시는 더 일어나지 않도록 하는 것이다.

회(悔)란 이다음에 오기 쉬운 허물을 조심하여 그 죄를 미리 깨
닫고 아주 끊어 다시는 짓지 않겠다는 결심이다."

〈육조단경 참회품〉

실천의 변화를 낳는 것

우리는 세상을 살면서 많은 죄업을 짓는다. 그러나 그것이 잘못인
지 모르고 사는 경우도 많다. 그러므로 우선 잘잘못을 계본에 비
추어 확실히 알아야 한다. 뿐만 아니라 모르고 지어왔던 죄업과
자신의 무지에 대해서도 참회해야 한다.

인생을 살다 보면 잘못인 줄 알면서도 죄업을 짓지 않기란 대
단히 어렵다. 그러나 스스로 잘못을 반성하고 다시는 그런 잘못을
범하지 않겠다고 결심해야 한다. 문제는 간혹 잘못을 범하는 데
있는 것이 아니라, 그 잘못을 반성하지 않고 합리화하는 데 있다.
자신의 잘못을 뉘우치고 참회하지 않은 채 도리어 합리화하려는
자세는 진실된 삶을 향한 전진이 아니라, 현실에 안주하는 자세로
퇴보할 뿐이다. 이것은 진실한 신앙인의 자세가 아니다.

세간살이를 떠나서 사는 수행승들은 계를 범할 기회가 적지만,
세간에서의 생활은 계를 범할 기회가 훨씬 더 많을 수밖에 없다.
따라서 청정한 계행도 중요하지만 파계에 대한 뉘우침을 통해 세
간 생활에 안주하지 않고 올바르게 살려는 자세가 더욱 중요한

것이다. 산속에 살면서 욕설하고 시비하지 않기는 쉽지만, 남대문 시장에서 장사하면서 욕설이나 시비 없이 하루를 넘기기란 어려운 일이다.

인격은 시비를 피해서 이루어지는 것이 아니라 시비 속에서 이루어질 때 제대로 닦이는 것이다. 산속에서 아무리 수도를 했다고 해도 시장 바닥에서 그 인격이 지켜지지 않는다면, 그것은 현실의 극복이 아니라 현실의 도피일 뿐이다.

참회란 잘못의 뉘우침만으로 끝나는 것이 아니다. 잘못을 시인하는 것에서만 끝난다면 이것 또한 잘못의 합리화에 불과할 것이다. 매일매일 같은 행동에 대해 같은 반성을 하면서도 실제 생활 속에서의 행동에는 변화가 없다면 이것은 또 하나의 기만적 신앙일 뿐이다. 진정한 참회의 힘은 다시는 그런 잘못이 없도록 행동의 변화를 일으킨다.

어떻게 참회해야 행동의 변화가 일어나, 다시는 잘못이 없게 할수 있는가? 왜 그것이 잘못인가를 눈에 보이게 규명하고 잘못을 저지르게 된 원인까지 확연히 깨닫게 될 때 가능하다.

파계로 인한 고통과 계행으로 인한 기쁨이 명확히 밝혀져서 가슴에 와닿게 될 때 다시 범하기 쉬운 잘못조차도 미리 깨닫고 조심해서 다시는 짓지 않겠다는 결심을 하게 된다. 이렇게 끊임없이 반성하는 생활까지도 반성하여 올바른 삶에 대한 확신이 설 때만이 비로소 진정한 참회가 된다.

삶의 목적을 불세계의 도달로 보고 무소유의 가치관에 입각한 오계만이, 나와 이웃을 함께 구원할 수 있는 길임을 확신하는 마음으로 전환될 때만이 근본적인 참회가 되는 것이다.

업장 참회의 의미

보살은 이렇게 생각합니다.

"내가 지나간 세상 끝없는 세월에 탐하고 성내고 어리석은 탓으로 몸과 말과 생각으로 지은 악업이 한량없고 끝이 없을 것입니다. 만약 그 나쁜 업에 어떤 형체가 있다면 가없는 허공으로도 그것을 다 용납할 수 없을 것입니다. 내가 이제 몸과 말과 생각의 청정한 업으로 법계에 두루 계신 많은 부처님과 보살들 앞에 지성으로 참회합니다.

다시는 나쁜 업을 짓지 않으며 항상 청정한 계율의 모든 공덕에 머물겠습니다."

이와 같이 하여 허공계가 다하고 중생의 업이 다하고 중생의 번뇌가 다해야만 나의 참회가 다할 것입니다. 그러나 허공계와 중생계와 중생의 업과 번뇌가 다할 수 없으므로 나의 참회도 끝나지 않습니다. 순간순간 계속하여 끊임없어도 몸과 말과 생각에는 조금도 지나치거나 싫어함이 없습니다.

《화엄경》〈보현행원품〉

참회는 죄업을 소멸시킨다.

고통의 과보를 가져올 업을 죄업이라고 한다. 이 죄에 대한 응보는 누군가 심판자가 있어서 벌을 주는 것이 아니다. 다만 업의 힘에 따라 자기 스스로 받는 것일 뿐이다. 죄업은 누구도 대신하여 받을 수 없는 것이며, 오직 자기 자신만이 받게 되어있다. 죄업의 과보는 삶의 방향을 불세계로 향하는 것을 막고 끊임없는 고통 속에서 헤매게 한다.

물론 참회한다고 해서 자신이 과거에 지은 죄과가 없어지는 것은 아니다. 그러나 참회하면 죄업으로 인해 생기는 과보의 고통을 막을 수가 있다. 과거의 죄업은 끊임없이 새로운 죄업을 요구하고 수렁으로 빠져들게 한다. 죄업의 무서움은 육체적인 고통이나 정신적인 고난을 주는 과보로써 끝나는 것이 아니라, 보다 큰 새로운 죄업을 짓게 하는 데 있다. 새로운 죄업은 과거 죄업의 발현이다. 그러므로 근본적인 참회를 해야만 새로운 죄업을 짓게 하려던 업력이 소멸된다. 나아가 선업을 지음으로써 과거에 지은 업보들을 막아 나갈 수 있게 된다.

천수경 참회게(千手經 懺悔偈)

백겁적집죄 일념돈탕제 여화분고초 멸진무유여
百劫積集罪 一念頓湯除 如火焚枯草 滅盡無有餘
죄무자성종심기 심약멸시죄역망 죄망심멸양구공 시즉명위진

참회

　罪無自性從心起　心若滅時罪亦亡　罪亡心滅兩俱空　是則名爲眞
懺悔

　다겁 생래 지은 죄업 한 생각에 없어져라

　마른풀이 불에 타듯 흔적조차 없어져라

　죄의 종자 본래 없어 마음 따라 일어나니

　마음 한번 없어지면 죄도 따라 없어지네

　죄도 없고 마음 없어 그 자리가 비었으니

　비운 마음 그 자리가 진정한 참회일세.

포살과 자자

포살, 자기 반성의식

포살이란 스스로 자신의 허물을 반성하는 차원을 뛰어넘어 자신
의 허물을 대중 앞에 드러내어 고백하는 발로참회(發露懺悔)를
말한다. 참회가 개인적이고 수시로 행해질 수 있는 것에 반해 포
살은 대중 생활 속에서 이루어지는 집단적이고 정기적인 것이다.

　공동체 생활 속에서 서로 지켜야 할 올바른 행위에 대한 규범
을 정하고 모든 대중이 그것을 지키겠다는 약속을 한다. 포살은

보름에 두 번, 정기적으로 정해진 규범에 따라 자신의 잘못을 대중 앞에 고백하고 용서받는 것이다.

이 포살을 베풀 때는 계를 받지 않은 사람은 참여할 수 없다. 같은 이념과 같은 생활규범을 약속한 사람들이 공동체 내에서 행하는 일종의 자기비판 의식이라고 할 수 있겠다. 초기 승단 내에서 포살은 중요한 의식의 하나였다. 대중에게 끊임없이 왜 우리가 이렇게 모여 살아가는가 하는 이유와 목적의식을 환기시키고 그 목적에 도달하는 자신의 행위를 스스로 돌아보고 반성하게 하는 자리가 포살이다. 이는 공동체의 순수성 유지와 단결 및 화합에 절대 필요한 것이었다. 포살은 후에 대중공사(大衆公事)라는 이름과 형식으로 승려의 집단생활 속에 유지되어 오고 있다. 대중공사란 승가에서 전통적으로 전해 내려오는 일종의 대중회의 방법이다. 즉 승단의 모든 대중들이 모여서 대중의 평등한 참여권과 자유로운 발언권을 바탕으로 민주적인 협의를 통하여 의견을 수렴, 결정하는 공동체 회의를 말한다.

포살의 방법

"대중이여 들으시라.

오늘은 보름, 포살의 날이니, 만약 대중들에게 지장이 없다면, 교단은 포살을 베풀고 계본(戒本)을 외리라.

무엇을 교단의 첫 행사라고 하는가?

여러 대덕이 몸의 청정함을 고백함이니, 나는 이제 계본을 읽으리라. 대중은 여기에서 잘 듣고 잘 생각할지어다.

만약 스스로 허물이 있음을 자각한 사람은 드러내라. 또 죄 없는 이는 잠자코 있을지니, 잠잠하면 여러 대덕의 청정함을 알리로다. 만약 누가 물을 때는 마땅히 대답해야 하리니, 이같이 비구는 이 대중 속에서 세 번까지 질문을 받을 것이며, 세 번을 질문받고도 죄가 있으면서 고백하지 않는다면 고의적인 망어죄(妄語罪)를 얻으리라. 고의적인 망어는 도에 장애가 된다고 부처님께서는 말씀하셨나니, 그러므로 죄 있는 것을 기억하는 비구로 청정하기를 원하는 이는 그 죄를 드러내라. 드러내면 그는 안락함을 얻으리로다."

《율장 대품》2. 〈포살건도〉

포살은 한 달에 네 번, 즉 1일, 8일, 15일, 24일에 행해졌다. 일주일에 한 번 하는 꼴이다. 그리고 이날은 신도들을 위해 법을 설했다. 이 포살의 날에는 반드시 계본을 외우도록 부처님께서 결정하셨다.

여기서 계본이란 계의 근본이라는 뜻이며 계란 올바른 삶의 기준이 되는 가치를 규정한 것이다. 포살일에는 그것을 낭송케 해서 각자의 반성과 참회의 기회로 삼고자 한 것이다.

포살은 이렇게 진행되었다. 앞에서 인용한 것처럼 정해진 시간이 되면 비구들이 모이고, 장로가 일어나 목청을 돋우어 먼저 계본의 서문을 읽어간다. 포살 의식의 개식사인 셈이다. 그리고는 이제 계본을 읽겠으니 죄 있는 사람은 발로참회하라고 전제한 다음, 계본의 낭송이 시작된다. 계본은 항목마다 세 번씩 되풀이되었다. 비구들은 그것을 자기 한 사람을 향해 묻는 것으로 알고 들어야 한다. 1대 1로 묻는다면 가부간 대답하지 않을 수 없을 것이다.

"어떤 비구라도 만약 마을이나 숲에서 주지 않는 것을 취했다면, 그는 바라이(승려로서 자격을 잃고 교단에서 추방되는 무거운 죄)에 해당하니 함께 있지 못하리라.
이제 나는 여러 대덕들에게 묻노라.
이 점에 대하여 청정한가?
다시 묻노라 이 점에 대해 청정한가?
세번째 묻노라 이 점에 대해 청정한가?"

이런 물음에 허물이 있는 사람은 대중 앞에 나서서 참회하고 자신에게 허물이 없다고 여겨지는 사람은 잠자코 있게 된다. 참회가 끝난 후에 사람들이 잠자코 있으면 장로는 말한다.

"여러 대덕은 이 점에 있어서 청정하십니다.
그러기에 침묵하시니 나는 그렇게 알겠소."

이렇게 하나하나의 계본이 낭송되었던 것이다.
정기법회일은 본래 교리를 공부하는 날이 아니다. 모든 불자들이 부처님의 가르침을 실천하고 있는지 확인하고 반성하는 것이 법회의 목적이다. 법회일에는 모두 함께 지난 일주일 동안의 생활을 돌아보면서 참회하는 날이다. 여기에 설법자와 청중이 따로 있을 리 없다.

모두 부처님의 가르침을 되새기고 참회하는 날이며 참회를 통하여 잘못을 바로잡고 지은 업장을 소멸하는 것이다. 아픈 가슴을 털어놓아 같은 불자들로부터 위로받는 공동체의 화합과 단결을 공고히 하는 최선의 방법인 것이다.

자자, 상호 비판의식

자자란 자진해서 자기의 죄를 지적해 달라고 동료들에게 청하는 것을 말한다. 이것도 일종의 포살일 행사이기 때문에 포살자자로 불리기도 한다. 이 역시 부처님의 제안으로 시작되었다.

인도의 기후는 우리나라처럼 사계절이 뚜렷하게 구분되지 않고 크게 우기(雨期)와 건기(乾期)로 나누어 우기에는 몇 달 동안 장마가 지기도 한다. 이 기간에는 돌아다니기도 좋지 않고 초목과 벌레들이 도처에서 성행하는 까닭에 자칫하면 밟아 죽이기가 쉽다. 때문에 한곳에 모여 외출을 금하고 수행을 하게 된다. 이를 가리켜 안거(安居)라고 하며, 비가 올 때 안거를 함으로써 우안거(雨安居)라고 했다.

우리나라의 승가에서 겨울에 동안거(冬安居), 여름에 하안거(夏安居)를 하는 것도 여기에서 유래한다.

우안거가 되면 비구들은 한곳에 모여 수행을 하는데 이 기간 동안 보통 묵언을 하기로 약속한다. 그것은 함께 사는 석 달 동안 남을 탓하거나 질문이나 토론으로 인해서 생길 수 있는 공동생활에서의 분쟁을 없애고 화합하기 위한 것이다. 이 우안거를 마치면 무엇인가 부자연스러운 데가 있게 마련이다. 각자가 열심히 수행을 했지만 상대편의 행동 중에는 올바른 수행인의 자세에 위배되는 것도 발견된다. 그러나 묵언을 하기 때문에 그런 지적을 할 수가 없다. 또한 자신이 잘못을 하고도 스스로 잘못인 줄을 인식하지 못하는 경우 포살만을 통해서는 그것이 바로잡을 수 없게 된다. 따라서 우안거가 끝나는 포살일에는 반드시 자자를 행한 것이다.

자자의 방법

모든 대중이 다 참석하여 둥글게 둘러앉으면 한 비구가 일어나 개식 선언을 하게 된다.

"대중이여 들으시라. 오늘은 자자가 있는 날이요.
만약 대중에게 이의가 없다면 교단은 자자를 베풀려 하오."

이리하여 의식이 시작되면 먼저 장로부터 시작하여 차례차례로 한 비구씩 일어나 합장한 손을 높이 쳐들면서 대중들을 향해 간청을 하였다. '나는 지난 안거에서 무엇인가 잘못을 저지르지 않았는가?'

만약 여러분들 중에서 그런 일을 보거나 들었다면, 또는 의심을 품은 분이 계시다면 부디 저를 위해 그것을 말해 달라고 청하는 것이다. 부처님 당시에 자자를 맨 먼저 한 사람은 바로 부처님 자신이었다. 한 교단의 교주이며 당시의 최고 성인으로 추앙받던 부처님께서 처음 입문한 비구에게까지 자신의 잘못을 지적해 달라고 간청하였던 것이다.

"나는 교단에 대해 자자를 행하노니, 나에 대해 무엇을 보고 무엇인가 듣고 또는 나에게 의심을 지니신 분이 있다면, 대덕들이여 저를 가엾이 여기사 그것을 말씀해 주소서. 죄를 알면 그를 제거하오리다."

이것은 모든 차별상을 뛰어넘어 오로지 도를 찾아 함께 가는 도반(道伴)으로서, 장로부터 신입 비구에 이르기까지 한 사람 한 사람 모두 마칠 때까지 진행되는 의식이다. 정말 아름답고도 숭고한 의식이었다.

자자는 쉬운 일이 아니며 아무 데서나 할 수 있는 것도 아니다. 오직 서로 간에 믿음으로 뭉쳐진 동지의 모임이 아니고는 행하기 어렵다. 올바르게 살아가기 위해 자신의 잘못된 행위를 지적해 달라고 요청하고, 또 올바르게 살아가도록 하기 위해 동료의 잘못된 행위를 지적해 주는 것이다. 여기에는 부끄러움도 비난의 마음도 없다. 오직 올바르게 살기 위해 노력하는 숭고한 마음과 도반을 향한 깊은 애정, 그리고 신뢰가 있을 뿐이다.

기도란 무엇인가

기도란 무엇인가

기도는 부처님의 가르침대로 올바로 살아가고자 원(願)을 세우고 이를 반드시 성취하고자 할 때 자신의 업장을 소멸하고 세속의 거센 물결을 헤쳐 나가겠다는 힘과 믿음을 키우는 것이다. 그러나 무수한 세월에 걸쳐 지어온 죄업과, 현생에 길들여진 삿된 가치관과 습관은 너무나 두터워 쉽게 그 업장을 소멸시키기가 어렵다. 몇 년 동안 익힌 담배도 끊기 어려운데 하물며 다겁생래로 익힌 탐욕과 애욕을 어찌 쉽게 버릴 수가 있겠는가? 더구나 인류의 역사가 시작되면서 이룩된 사회의 구조, 특히 최근세에 들어 이룩된 인간 사회의 구조적 모순은 우리 인간의 힘으로 해결하는 것이 거의 불가능에 가깝게 여겨진다.

그렇다고 지레 겁을 먹고 포기해서는 안 된다. 우리에게는 업장에 감춰진 무한한 능력이 있다. 거짓 가치에 대한 완벽한 거부, 욕망과 쾌락에 찌든 육신에 대한 철저한 부정 그리고 진리를 위해서라면 신명을 바칠 각오로 싸워나갈 때, 부처님의 원력을 든든한 배경으로 업장을 소멸하고 원을 성취할 수 있는 것이다.

올바르게 살려는 자신의 의지에 대한 믿음과, 자신의 왜소함을 인정하고 부처님의 가피력을 입으려는 믿음의 표현이 기도인 것이다.

기도의 마음가짐

기도는 평상의 마음가짐으로는 성취될 수 없다. 자신이 다겁생래로 지어온 업장에 대하여 잘못되었음을 뼈저리게 느끼고 다시는 그 업장을 되풀이하지 않겠다는 절실한 참회로부터 시작되어야 한다. 이에는 가치관의 전환이 무엇보다 중요하다. 즉 무소유에 의한 오계의 가치가 우리를 불세계로 인도하는 진리임을 확신할 수 있어야 한다.

또한 기도가 반드시 이루어질 것이라는 철저한 확신이 있어야 한다. 기도하면 부처님께서 들어줄 것이라는 막연한 기대감을 갖고는 안 된다. 이미 내 기도를 들어주셨다는 확고한 마음가짐이어야 한다. 즉 터럭만큼의 의심도 없는 확신이어야 한다는 것이다. 이 확신은 올바른 삶의 실현에 대한 확신, 정의는 반드시 이길 수밖에 없다는 확신이다. 불성이 나의 본래 모습이기에 업장은 반드시 소멸될 수밖에 없다는 확신, 현재의 고통이 반드시 극복될 것이라는 확신만이 업장을 소멸시킬 수 있다.

또한 무엇보다도 기도는 간절한 일념(一念)으로 해야 한다. 삿된 욕망이나 어지러운 번뇌 없이 오직 일념으로 기도해야만 한다.

주린 자가 밥을 찾듯이, 목마른 자가 물을 찾듯이 오직 일념으로 간절히 기도할 때 비로소 마장을 이겨나가고 기도를 성취할 수 있다. 이 정도면 웬만한 원은 성취가 된다. 그러나 우리의 업장을 완벽하게 소멸시키기에는 이것만으로는 부족하다. 육신의 한계 내에서 노력과 의지만 가지고 수행을 하겠다는 것은 잘못된 생각이다. 그런 힘만으로는 굳게 다져지고 찌든 거짓과 거대한 무명의 어둠을 뚫고 나갈 수가 없다. 거대한 사회구조 속에 길들여진 다겁생래의 업장을 무너뜨리기에는 아직도 부족하다. 따라서 업장 소멸과 원의 성취에 신명(身命)을 바쳐야 한다. 신명을 바쳐 죽음으로써 기도할 때만이 우리의 원은 성취될 수 있다.

신명을 바치는 기도

기도하는 사람들은 신의 아들인 예수가 십자가에 못 박혀 죽으면서 남긴 최후의 말씀을 되새겨 보아야 한다.

"주여! 주여! 왜 나를 버리시나이까?"

이것은 절망의 벼랑 끝에 선 마지막 절규이다. 이미 3일 후에 부활이 약속된 그가 왜 이런 절규를 하면서 죽어갔는가? 불가능에 대한 절망은 죽음을 각오해도 해결할 수가 없어서, 스스로 목숨을 버리는 결단이 있을 때 부활이 약속되는 것이다. 죽음의 고통 없이 새로운 삶은 얻을 수 없다는 것이다.

6년 동안의 극심한 고행(苦行)으로 뼈와 가죽만이 앙상하게 남아 제 몸도 가누기 힘든 싯다르타는 보리수 아래에 자리를 정해 앉으면서 다짐한다.

"비록 죽음이 다가오더라도 깨달음을 얻지 못한다면 결코 이 자리를 떠나지 않으리라."

이때 마왕은 자신의 세계가 무너져 내리는 진동에 크게 놀라고 분개하며 급히 달려와 싯다르타에게 속삭인다.

"당신은 여위었고 안색이 나쁩니다. 당신은 죽음에 임박했습니다. 생명이 있어야만 모든 착한 일도 할 수 있지 않습니까?"

싯다르타는 마왕의 속삭임에 단호히 대답한다.

"게으름뱅이의 친척이여, 악한 자여, 그대는 세속의 이익을 구하기 위해서 여기 왔지만 내게는 세속의 이익을 찾아야 할 필요가 털끝만큼도 없다. 너는 세속의 이익을 구하는 자에게 가서 말하라.

내가 문자풀을 입에 물 것(항복의 뜻) 같은가?

속된 생은 달갑지 않다. 나는 패해서 살기보다는 차라리 싸워 죽으리라."

〈숫타니파타〉

죽음을 각오하는 것, 모든 거짓과 탐욕의 업장을 소멸하고 불세계를 성취하기 위해 신명을 버리는 구도심, 아니 아예 죽어버리는 것, 이것이 참다운 기도이다. 내 속에 있는 거짓 가치와 탐욕의 업장과 함께 죽어버릴 때 그 죽음은 업장을 녹어버린다. 따라서 죽음으로써 사는 것이다. 이처럼 신명을 바쳐 기도하는 신앙은 힘이 있고 두려움이 없으며 실천력이 있다. 두터운 업장의 철판을 녹여 금빛 찬란한 새로운 삶의 문이 열리는 길이며 아예 죽어버리는 삶이기에 불가능이 없는 것이다.

마장(魔障)이란 무엇인가

부처님과 마군(魔軍)

싯다르타 왕자는 스스로 머리카락을 자르고 사슴 가죽옷을 걸치고 맨발로 길을 걷는 한낱 이름 없는 수행자가 되었다. 강렬한 뙤약볕에 시달리기도 하고 비를 맞으면서 맨발로 걸었다. 끼니때가 되어도 제대로 먹지 못하고 밤이 되어도 추위에 떨며 편히 쉴 수가 없었다.

그는 난생처음으로 기갈과 추위와 배고픔을 느꼈다.

이때 마군이 나타나 속삭였다.

"왕자여, 어서 궁중으로 돌아가는 것이 좋을 것이오. 가서 때를 기다리시오. 그러면 이 세상이 모두 그대의 것이 될 것이오."

싯다르타는 소리 높여 꾸짖었다.

"마군이여, 어서 물러가라. 지상의 모든 것은 내가 구하는 바가 아니니라."

6년 동안 극심한 고행을 한 싯다르타는 이미 인간의 몸이 아니었다. 머리의 살갗은 마치 익지 않은 오이가 말라비틀어진 것 같고, 뱃가죽을 쥐려 하면 등의 뼈가 잡힐 지경이었고 손바닥으로 몸을 문지르면 몸의 털은 썩은 모근(毛根)과 함께 뽑혀 나갔다.

마군은 싯다르타에게 다가와 쉴 새 없이 속삭인다.

"열반은 존재하지 않는다. 단지 열반이란 말만이 존재할 뿐이다. 지금이라도 고행을 멈추고 나를 위해 제사를 지낸다면 세상의 모든 권능과 즐거움을 네게 주겠다."

싯다르타는 단호히 물리친다.

"신도 세상 사람들도 너의 군대를 꺾을 수 없지만, 나는 지혜로써 그것을 깨트린다. 마치 굽지 않은 흙 단지를 돌로 깨트려 버리듯이."

기도를 방해하는 마장

경전에서는 부처님의 출가 직후와 수행 과정에서, 그리고 성도 직전과 직후, 뿐만 아니라 대중들을 교화할 때도 끊임없이 마군이 나타나 수행과 전도를 방해하는 장면이 자주 묘사된다. 특히 보리수 아래에서 깨달음을 얻기 직전에는 마군의 방해가 극에 달한다.

위의 인용문이 대표적인 장면이다. 천둥과 번개 온갖 악귀로써 공포를 주고, 신통력과 권력으로 유혹하기도 했으며, 또한 아름다운 여인들을 보내서 애욕을 자극하기도 했다.

참회와 기도로써 업장을 소멸하려 할 때 이것을 방해하거나 악업을 쌓게 만드는 것이 마군이다. 이 마군은 업장의 극단적인 모습으로 마장(魔障)이라고 말하기도 한다. 우리가 올바른 삶을 살고자 할 때 아직 우리들의 내부에 남아있는 그릇된 가치관이나 쾌락과 애욕을 원하는 마음, 또한 세속을 거슬러 가는 데 따르는 고통 등이 바로 마군으로 나타난다고 보면 된다.

부처님께서는 마왕의 군대가 가진 정체를 올바로 꿰뚫어 보시고 말씀하셨다.

"너의 첫째 군대는 탐욕이고, 둘째 군대는 남을 지배하는 마음(권력 욕구)이며, 셋째 군대는 굶주림과 갈증, 넷째 군대는 애욕과 집착이다. 다섯째 군대는 권태와 수면, 여섯째 군대는 공포, 일곱째 군대는 진리에 대한 의심, 여덟째 군대는 허영(신통력)과 아집이다."

"어떤 수행자들은 너의 군대에 패해 버리고 보이지 않는다. 그리고 덕 있는 사람들의 갈 길조차 알지 못한다. 너의 병력이 사방을 포위하고 악마가 코끼리를 탄 것을 보았으니, 나는 그들과 맞서 싸우리라. 나는 이곳에서 결코 물러서지 않으리라."

마장은 왜 생기는가

마장은 크게 내면의 갈등과 주변의 고통과 장애 그리고 환상이나 신통력 등으로 우리에게 다가온다. 이들 마장은 크게 세 종류로 나누어볼 수 있다.

첫째, 내면의 마가 있다.

우리 중생은 업의 덩어리이다. 업으로 형성된 것이 중생이다. 그것이 선업이든 악업이든 중생에게는 모두 자신의 일부인 것이다. 그런데 그 업이 자신으로부터 소멸된다면 중생은 자신의 몸 일부가 베어져 나간 듯이 허전하고 안타까우며 얼마 동안은 고통으로 느끼게 된다. 이것은 자신이 느끼건 그렇지 못하건 상관없는 일이다. 공통된 업은 업끼리의 흡인력이 있기 때문이다.

그러므로 업이 소멸되려 할 때 업장의 덩어리는 더욱 기승을 부리며 이를 잡아당기게 된다. 지금까지 업장을 자신의 본래 모습인 줄 알고 있는 무명과 욕망이 남아있기 때문에 업이 떨어져 나가지 않으려고 자기 내부에서 싸움이 일어나는 것이다. 이로 인해 생기는 갈등이 곧 마장으로 형상화되는 것이다.

둘째, 주변의 고통과 장애가 마장으로 다가온다.

마장은 내부에서뿐만 아니라 외부에서도 온다. 세속 가치의 허구성을 꿰뚫고 부처님의 길을 따르게 되면 과거의 악업에 의해서 얻었던 세속적인 이익을 손해 보는 경우가 생기게 된다. 이러한 주변의 일이 마장이 된다.

개인의 업장뿐만 아니라 세속 물결의 업장을 소멸하려는 수행과 기도를 하게 될 때 세속의 거대한 업장은 자신의 업이 떨어져 나가는 것을 두려워하여 방해를 하는 것이다. 경제적인 손실, 정치적인 압력, 주변 사람들의 유혹 등이 바로 마장으로 나타나는 것이다.

셋째, 환상이나 신통력에 미혹되는 마장이다.

망령된 마음을 버리지 않고 염불하거나, 부처님을 형상으로 찾거나 애착심을 갖고 소망을 구할 때 환상이나 신통력이 나타난다. 일심으로 기도를 하게 되면 평소에는 불가능했던 능력들이 생기기도 한다. 이렇게 되면 마치 자신이 무슨 도인이 된 양 착각하게 되어 수행의 목적이 전도(顚倒)되고 미혹한 환상에 사로잡히게 된다. 이것은 자신의 탐욕과 삿된 소견으로 분별하는 아집을 버리지 못하고 있을 때 발생하는 또 다른 마장이다.

본래의 부처님은 진리의 법신이다. 법신(法身)은 무한하고 절대적이므로 형상이 있을 수 없다. 또한 우리의 망념에 대한 본성은 본래 무상이다. 진리는 형상화하거나 제 나름대로 그려보는 것이 허락되지 않는다.

이러한 모든 마장은 완벽한 참회가 되지 않고 탐욕과 아집이 남아있을 때, 진리에 대한 확신이 없이 의심하고 사량 분별로 따질 때, 절실한 일념이 아니라 삿된 세속의 유혹에 고개를 돌릴 때, 그리고 육신의 한계 내에서 적당히 살아가려 할 때 끊임없이 다가온다. 그러나 단번에 모든 마장이 소멸되는 것도 아니며, 아무리 의지가 굳세어도 마장이 없을 수는 없다. 오히려 이는 우리의 업장을 소멸하고 세상의 고통을 제거하기 위해서 필연적으로 겪어야 하는 장애인 것이다. 그러므로 도피해서는 안 되며 반드시 싸워 이겨야 한다.

기도의 내용과 방법

무엇을 기도할 것인가

기도는 아무것이나 한다고 들어주는 것이 아니다. 일은 하지 않고 투기심에 가득 차서 탐욕을 쉽게 충족하기 위하여 적은 것을 내고 많은 것을 한꺼번에 얻으려는 기도는 진정한 기도가 아니다.

부처님이 무슨 요술쟁이라고 자기에게 잘 보이는 사람이라 해서 부자 방망이를 주겠는가.

부처님은 바른 삶의 가치를 제시하신 분이다. 그 바른 삶의 길을 잃고 헤맬 때, 길을 가르쳐 주시는 분이다. 기도는 내가 즐겁자고 남을 괴롭히는 것이 아니라, 내가 올바르게 살고 남을 기쁘게 하고자 하는 것이다. 기도의 내용은 항상 부처님의 구원력 성취를 발원하는 것이어야 한다. 따라서 기도의 내용은 다섯 가지로 구분해 볼 수 있다.

우선 상구보리의 기도가 있다. 삶의 진실한 가치를 바로 볼 수 있는 지혜를 얻게 해달라는 것이다. 다시는 무명의 구름 속에서 헤매지 않게 지혜의 눈을 뜨게 해달라는 것, 이것을 상구보리라 한다.

둘째는 하화중생의 기도이다. 고통받는 뭇 중생의 고통을 여의어 달라는 것이다. 모든 중생이 불세계에 들어 영원한 기쁨을 누릴 수 있도록 해달라는 기도이다. 내 말을 안 듣는 사람은 지옥 가라는 것이 아니라, 누구든지 고통받는 자는 마땅히 구원을 받아야 한다는 마음이다. 지옥 중생들을 볼 때, 내가 잠시라도 그들의 고통을 대신 받고 그들이 구원될 수 있도록 해 달라는 기도여야 한다. 이것을 하화중생이라 한다.

셋째, 원력의 기도가 있다. 지혜를 증득하고 자비의 행을 할 수 있는 힘을 주십사 하는 기도이다. 정의를 실현하기 위해서, 고난을 이겨낼 수 있기 위해서 용기와 인내를 갖게 해주십사 하는 기도이며, 그런 능력을 갖기를 소원하는 원력의 기도이다.

넷째, 회향의 기도이다. 모든 기도의 성취와 공덕은 일체중생의 노력에 의한 것이며 제불보살의 가피력이므로 일체의 공덕은 일체 중생에게 돌아가게 해달라는 감사의 기도와 회향의 기도인 것이다.

마지막이 구복의 기도이다. 개인적인 기도라고 하더라도 병의 완쾌와 건강의 회복과 고통의 소멸 등 나의 기쁨이 남의 고통을 동반하지 않는 기도여야 한다.

인연과(因緣果)의 원리에서는 남을 위한 기도가 곧 나를 위한 기도가 된다. 베풀어 가짐으로써 함께 기쁨을 누리는 기도여야 한다. 기도는 죄업을 소멸하는 것이다. 욕망 충족이나 저주의 기도를 함으로써 남을 욕되게 하는 기도는 오히려 죄업을 쌓는 과보를 초래하게 된다.

어떻게 기도할 것인가

기도하는 방법은 여러 가지가 있으나 크게 두 가지로 나뉜다. 일정한 형식 없이 일체의 삶을 기도하는 자세로 살아가는 것과 특정한 형식과 일정한 기간을 정해서 하는 기도이다.

우선 무형식의 기도를 보자.

서원을 세우고 원력을 성취하기 위해서 일체의 생활을 수행화하는 것이다. 항상 바른 생각을 갖고 진실을 실현하려는 원력으로 충만하기 때문에 일상생활이 일념으로 서원 성취에 몰두되어 있다.

어려운 일에 부닥치면 물러서거나 주춤하지 않으며, 도리어 그 고난을 수행의 방편으로 삼는다. 〈보왕삼매론〉이 이와 같은 기도의 대표적인 수행이다.

① 몸에 병 없기를 바라지 말라. 몸에 병이 없으면 탐욕이 생기기 쉽나니, 그래서 부처님께서 말씀하시되 '병고로써 양약을 삼으라' 하셨느니라.

② 세상살이에 곤란함이 없기를 바라지 말라. 세상살이에 곤란함이 없으면 업신여기는 마음과 사치한 마음이 생기기 쉽나니, 그래서 부처님께서 말씀하시되 '근심과 곤란으로써 세상을 살아가라' 하셨느니라.

③ 공부하는데 마음에 장애 없기를 바라지 말라.

마음에 장애가 없으면 배우는 것이 넘치게 되나니, 그래서 부처님께서 말씀하시되 '장애 속에서 해탈을 얻으라' 하셨느니라.

④ 수행하는데 마(魔) 없기를 바라지 말라. 수행하는데 마가 없으면 서원이 굳건해지지 못하느니, 그래서 부처님께서 말씀하시되, '모든 마군으로써 수행을 도와주는 벗을 삼으라' 하셨느니라.

⑤ 일을 꾀하되 쉽게 되기를 바라지 말라. 일이 쉽게 되면 뜻을 경솔한 데 두게 되나니, 그래서 부처님께서 말씀하시되 '여러 겁을 겪어서 일을 성취하라' 하셨느니라.

⑥ 친구를 사귀되 내가 이롭기를 바라지 말라. 내가 이롭고자 하면 의리를 상하게 되나니, 그래서 부처님이 말씀하시되 '순결로써 사귐을 길게 하라' 하셨느니라.

⑦ 남이 내 뜻대로 순종해 주기를 바라지 말라. 남이 내 뜻대로 순종해 주면 마음이 스스로 교만해지나니, 그래서 부처님께서 말씀하시되 '내 뜻에 맞지 않는 사람들로써 무리를 이루라' 하셨느니라.

⑧ 공덕을 베풀면서 과보를 바라지 말라. 과보를 바라면 도모하는 뜻을 가지게 되나니, 그래서 부처님께서 말씀하시되 '덕 베푸는 것을 헌신처럼 버려라' 하셨느니라.

⑨ 이익을 분에 넘치게 바라지 말라. 이익이 분에 넘치면 어리석은 마음이 생겨나니, 그래서 부처님께서 말씀하시되 '적은 이익으로써 부자가 되라' 하셨느니라.

⑩ 억울함을 당해서 밝히려고 하지 말라.

억울함을 밝히면 원망하는 마음을 돕게 되나니, 그래서 부처님께서 말씀하시되 '억울함을 당하는 것으로 수행의 문을 삼으라' 하셨느니라.

이와 같은 기도는 수행의 생활화에서 온다. 수행의 생활화는 어떤 특정한 형식의 신앙생활이라는 것이 따로 있을 리 없다.

그러나 일반인에게는 어렵기 때문에 특정한 형식을 갖는 기도가 필요하게 된 것이다.

이외에도 어려운 일을 당할 때마다, 문제가 제기될 때마다 장소나 시간에 구애받음이 없이 일순간에 정신을 집중하여 간절히 기도하는 화살기도의 형식도 있다. 이 역시 무형식의 기도인데 몹시 다급하거나 또는 형식적인 기도가 잘 숙달되어 있을 때 가능한 기도이다.

다음은 형식을 빈 기도들이 있다. 불교신자들은 대개 이러한 형식 기도를 많이 하고 있는 편이다.

첫째, 호명 염불기도이다. 가장 많이 이용하는 것이 호명 염불기도이다. 부처님의 명호를 부르면서 일심으로 부처님만을 생각하며 기도한다. 입으로만 호명하는 것이 아니라 마음으로 생각하고 심장에서 우러나오는 소리로 간절히 부처님께 절복하는 자세로 기도해야 한다.

무량수경에 보면 법장비구가 48대원을 성취하기 위하여 수행을 할 때 그중 한 가지 원이 어떤 중생이든 지극한 마음으로 내 국토를 믿고 좋아하여 태어나기를 원하면서 열 번만 내 이름을 불러도 반드시 태어나게 될 것이라 했다.

이 열 번이라는 것이 입으로만 성의 없이 열 번을 말하는 것이 아니라, 일심으로 열 번을 호명하며 기도해야 하는 것이다.

길을 가다가 갑자기 넘어지면 어머니를 찾듯이, 숨이 끊어지는 순간에 허우적거리지 않고 아미타불을 부르며 극락세계에 태어나고자 하려면 평상시에 얼마나 간절히 그것을 원해야만 가능하겠는가. 그것은 인생의 목적에 대한 확신을 갖고 있을 때만 가능할 것이다. 따라서 기도란 한 번을 하더라도 일심으로 해야 한다.

이 호명기도는 몇 가지 교리적 특징을 갖고 있다. 일반적으로 부처님을 흠모하고 부처님께 귀의할 때는 '석가모니불'을 호명하고, 죽어가는 사람을 위해 왕생극락을 빌 때는 서방세계 극락정토에 계시는 '나무아미타불'을 호명한다. 이때 나무란 뜻은 인도 원어로서 '귀의한다'는 뜻이다. 영가를 천도할 때는 '나무아미타불'이나 지옥에서 고통 속의 중생을 구원하시는 '지장보살'을 호명하고 병자를 위해서는 동방 유리광 세계에서 중생의 병을 구원하시는 '약사여래불'을 호명하며 고통받는 중생의 구원을 위해서는 '관세음보살'을 호명한다.

둘째, 독경기도이다. 《반야심경》이나 《천수경》《금강경》《법화경》등 경을 외우면서 기도하는 가운데 부처님의 진리 가르침으로 머리가 가득할 때 마음은 일심이 되고 경의 진리에 눈뜨게 되는 것이다.

그러나 내용도 모르면서 외우기만 해도 무량공덕이 있다는 것은 맹신이다.

셋째, 주력기도이다. 밀교에서 하는 '옴 마니 반메홈'과 창가학회에서 하는 '나무묘법연화경' 그외 능엄신주라든가 옴 아비라 훔

캄스파하의 법신주(法身呪) 등 비밀스러운 주문을 외우면서 정신을 집중하는 것을 주력이라 한다. 이 주력은 신통력을 얻는 지름길이기도 한데 잘못하면 맹신에 빠지기 쉽다.

기도하는 신앙생활

기도는 응답하는가

기도의 응답에 대해서는 사람마다 많은 의견이 있다. 절대로 믿을 수 없다는 사람에서부터 전적으로 기도에 의지하는 사람까지 각양각색이다. 하지만 기도는 분명 응답이 있다. 그렇다면 기도는 어떻게 응답하는가? 기도의 응답이란 무엇인가?

첫째, 일심으로 참회하게 되면 무명과 탐욕의 업장이 소멸된다. 탐욕과 무명의 거센 물결 속에서도 계의 끈을 단단히 잡고 능히 그 물결을 거슬러 올라가면 자기뿐만 아니라 이웃의 고통을 함께 소멸시켜 줄 수 있는 청정과 지혜를 얻게 된다.

둘째, 기도의 응답은 기도하는 사람의 간절한 마음으로부터 온다. 즉 그 응답은 외부로부터 오는 것이 아니라 내면으로부터 깨우쳐진다. 기도는 결코 물러서지 않는 신앙의 힘을 준다. 과감한 실천력과 두려움 없는 용기, 순간에 번뜩이는 지혜, 그에 따른 판단력은 합리적인 사고로부터만 나오는 것이 아니다. 그것은 진리에 대한 확고부동한 믿음과 간절한 기도로부터도 얻을 수 있다.

셋째, 업장을 소멸함으로써 새로운 죄업을 짓지 않고, 과거에 지어 미래에 받을 업보를 선업으로써 막아가니 자연히 재앙이 소멸될 수밖에 없다. 또한 기도를 통해서 얻은 신앙의 힘은 어떠한 일을 하게 되건 어떠한 어려움에 부딪치건 결코 불안해하거나 동요되지 않고, 지혜와 용기와 실천력으로 해결할 수 있게 된다. 업장의 소멸로써 선업을 쌓아 선과를 낳고 그 신앙의 힘으로 현실에서 부딪치는 일을 올바르게 대처하면 재앙은 당연히 소멸되고 평안과 자유를 얻게 된다.

넷째, 일심으로 신명을 바쳐 간절히 기원하면 평소의 의지로는 이룰 수 없었던 어려운 일이 성취된다. 이 또한 업장소멸의 결과이다.

다섯째, 일념으로 기도하다 보면 신통력이 생기기도 한다. 고도의 정신 집중을 통하여 업장에 가려 왜소해졌던 인간 본래의 능력을 되찾게 되면 헤아릴 수 없는 신통력이 생기게 된다. 그러나 신통을 얻기 위해 기도해서는 결코 안 된다. 신통은 고도의 수행 과정 중에 얻어지는 하나의 부산물에 불과하다.

그러나 아직 탐욕과 무명의 업장이 가시지 않은 중생들의 처지에서 보면 그것은 오히려 심각한 마장으로 작용한다.

맹신과 신흥종교의 폐단

오늘날 우리 사회에는 무수히 많은 종교가 급속히 번창하고 있다. 그것도 미신적인 요소가 강한 종교가 급속히 성장하는 추세이다. 날이 갈수록 여기저기서 우후죽순처럼 생겨나는 신흥종교 대부분은 물론이고 고등종교라고 불리는 불교와 기독교의 일부에서도 미신적이고 주술적인 작용으로 교세를 확장하는 경우도 있다.

왜 이러한 종교가 횡행하는 것인가? 그것은 사회 전체가 탐욕과 무지에 병들어 있기 때문이다. 양심적이고 성실하게 살아가는 사람들이 대우받지 못하는 사회구조 속에서 술수와 요행으로 출세하는 사회 풍조에 길들여진 사람들이 종교를 탐욕의 충족을 위한 하나의 방법으로 선택하게 되는 것이다.

그리하여 탐욕의 충족을 위한 주술과 점술이 날로 번창하고 있고 초능력이나 기도의 응답을 부정하던 사람들이 오히려 쉽게 맹신에 빠지고 휩쓸린다. 초능력이나 기도의 응답을 전적으로 부정하다가 불가사의한 사실과 직접 접하게 되면 마치 그것이 종교의 전부인 양 정신없이 빠져든다. 이 초능력에 대한 무지와 탐욕심이 발동할 때 눈먼 신앙, 말 그대로 맹신(盲信)에 빠져들게 된다. 그리고 한번 초능력이나 신통력의 사술에 유혹되면 걷잡을 수 없이 빠져들어 그의 노예가 되어 버린다.

거의 주술에 가까운 종교가의 사술에 걸려 정신적 노예가 된 맹신자가 우리 주위에 얼마나 많은가? 사람들을 어리석게 만들고 세상을 어지럽히는 것은 예로부터 잘못된 종교가들에게서 비롯되었다. 현실생활에서 불안과 불만을 느끼는 사람들에게 문제를 올바로 해결할 수 있도록 하는 것이 아니라, 문제의 근원을 엉뚱한 운명이나 신에게 돌려 눈을 멀게 하고 초능력으로 최면을 걸어 선동하고 착취하는 것이다. 이 모든 것이 무지와 탐욕에서 비롯된다.

또한 종교적 맹신은 형상에 집착할 때 생긴다. 하느님을 찾아서 병이 나았기 때문에 하느님이 최고이고, 관세음보살을 불러서 소원 성취를 했기 때문에 관세음보살만이 신앙의 대상이 된다면 그것은 우상숭배요, 맹신이며 미신일 뿐이다. 오늘 우리 사회에서 신흥종교가 팽창하는 것은 이와 같은 신비주의의 소산임을 명심해야 한다.

기도의 응답과 참 신앙

기도의 응답에 관한 재미있는 옛날이야기가 하나 있다.

어떤 노파가 '관세음보살'을 염하면서 열심히 기도를 하다가 어린아이의 울음소리에 그만 관세음보살 명호를 잊어버렸다. 옆에 있던 손자에게 "내가 조금 전에 무엇이라 하더냐?"고 물었더니, 이 손자가 장난삼아 "담뱃집 샌님"이라 하더라고 거짓말을 했다. 이 노파는 "담뱃집 샌님"을 염하여서 소원을 성취했다고 한다.

참으로 좋은 일화이다. 기도는 일심으로 무엇을 원하며 하느냐에 있지 그 형식에 있지 않다는 것을 보여주는 것이다. 기도를 부정하는 사람은 신앙의 힘을 얻지 못하고, 반면 기도에만 의지하

는 사람은 맹신에 빠진다. 진실한 신앙인은 기도를 생활화하며 기
도에 의지하지만, 기도의 형식과 그 응답에 빠지지 않는다.

물론 기도는 반드시 응답한다. 그러나 그 응답이 종교의 본질은
아니다. 종교의 본질은 올바른 삶에 있는 것이다. 기도나 수행의
참뜻이 전도될 것을 우려하신 부처님께서는 신통력의 사용을 엄
금하셨다. 왜냐하면 어리석은 중생들이 불교의 근본이 신통력에
있는 줄 알고 맹신할 것을 경계했기 때문이다. 치병, 은사, 방언
등에 현혹되어 종교의 근본을 흐려서는 안 된다.

기도는 올바르게 살려는 자기 의지의 확인이며 확신이다. 진리
에 대한 믿음으로 죽음을 두려워하지 않을 때 기도는 응답한다.
모기가 무쇠를 뚫고, 계란이 바위를 깨는 불가사의한 현상이 나타
나는 것이 기도의 응답이다. 진리의 수호와 정의의 실현도 죽음을
두려워하지 않는 확고한 믿음과 간절한 마음이 있을 때 가능한
것이다.

불공과 보시

불공(佛供), 일체중생에의 회향

불공이란 무엇인가

불공(佛供)이란 부처님께 올리는 공양을 말한다. 부처님의 10대 명호 중 응공(應供)이란 존칭이 있다. 이는 응당히 공양받을 분이란 뜻이다. 부처님은 모든 중생의 고통을 구제하시고, 모든 중생의 어리석음을 깨우치시며 모든 중생을 열반에 인도하신 분이시다. 온 우주의 대스승이시며, 모든 생명의 자비하신 어버이시다. 우리는 응당히 부처님의 은혜에 보답하는 마음의 표시로 공양을 올리는 것이며 그것은 곧 일체중생의 은혜를 갚는 길이기도 하다.

내가 입고 쓰고 자고 먹는 행위 가운데 중생의 노고로 이루어지지 않는 것이 없을진대, 그 은혜에 보답하는 길은 모든 것을 아낌없이 베풀어 줌으로써만 가능하다. 나의 재물과 명예와 권위를 일체중생에게 돌려주는 회향(廻向)이 바로 불공인 것이다. 부처님께 올림으로써 일체 중생에게 회향되도록 하는 것이 불공의 참뜻이기 때문에 꼭 탑전에 바쳐야만 불공이 되는 것은 아니다.

베푸는 것은 다 불공이 되는 것이다.

불공을 올리고는 반드시 축원을 하는데 축원은 함께 나누어 갖자는 뜻이다. 액난과 고통이 있으면 나누어 짊어지고 기쁨이 있으면 함께 기뻐하며 일체의 공덕을 중생에게 회향하는 데 축원의 참뜻이 있다.

불공물과 불공의 종류

불공물에는 그 종류가 특별히 정해져 있는 것은 아니다. 그러나 보통 꽃과 향, 초, 맑은 물을 올린다. 촛불을 밝히는 것은 '나도 저 촛불처럼 내 몸을 태워 주위를 밝히는 보살행을 하게 해주십시오'라는 뜻이다. 향을 피우는 것은 제 몸을 살라 향기를 내는 향을 닮게 해 달라는 뜻이고, 꽃은 보는 이로 하여금 항상 기쁨과 웃음과 그윽한 향기를 자아내는 사람이 되도록 해달라는 뜻이다.

맑은 물을 올림은 물처럼 세상의 때를 씻어내는 역할을 할 수 있게 해 달라는 뜻과 저 물처럼 항상 맑은 계행을 지키게 해 달라는 뜻이 담겨있다. 그 외에 금전이나 공양미, 과일 등 많은 공양물이 있지만, 그것은 일체가 다 중생에게 돌려주기 위한 것이다.

불공의 종류에도 몇 가지가 있다. 고통과 재난과 액운이 있을 때 하는 소원성취 불공과 생일이나 결혼 회갑 등 기쁜 일이 있을 때 하는 공덕회향 불공, 자신의 결심을 다지기 위한 원력기도 불공 등이 있다.

불자는 반드시 불공을 드려야 한다. 기쁠 때나 슬플 때나 부처님과 모든 중생의 은혜에 감사하고 같은 불자들과 함께 기뻐하고 슬퍼할 수 있는 불공을 드려야 한다.

보시, 대가를 바라지 않는 베풂

보시란 무엇인가

보시(布施)란 일체의 베푸는 행위를 말한다. 보시는 탐욕의 죄업을 소멸하게 해준다. 보시는 무엇이든 나누어 가짐으로써 나와 이웃이 함께 기쁨을 나누는 행위이다. 보시를 할 때 생색을 내서는 안 된다. 아무리 큰 보시를 했다 하더라도 생색을 내게 되면 그 공덕은 없어진다. 본래 이 세상에는 제 것이 없기 때문이다.

제 것도 아닌 것을 가지고 생색을 내니 그것은 보시의 공덕은 커녕 도리어 악업을 짓게 된다. 이 생색을 내지 않는 보시, 대가를 바라지 않는 보시를 무주상보시라고 한다.

대가를 바라지 않는 베풂이란 어떤 것인가?

그것은 무소유의 가치관에 기반을 두는 베풂이다. 이 세상에 존재하는 모든 재화는 중생의 노고에 의해 생산된 것이지 내 것이란 본래 없다. 그러므로 내가 갖고 있는 이것은 원래 내 것이 아니며 어쩌다 잘못 분배되어 나에게 온 것이라 생각한다. 즉 원래 네 것인데 나에게 잘못 전달된 것이므로 네 것을 네가 가지라는 의미가 무주상보시다. 원래 내 것이 없으므로 베풀어 줄 것도 없다. 그런데도 베풀 것이 있다면 이것은 이미 내 것이 아니다. 이 무소유의 가치에 기준을 둔 보시를 무주상보시라 하며, 그 공덕은 한량없다. 먼 미래의 공덕만이 한량없는 것이 아니라 현재의 공덕도 한량없는 것이다.

우리는 부모가 자식에게 베푸는 사랑이나 남녀 간의 사랑을 두고 헌신적인 사랑이라 한다. 그러나 이것도 대가를 기대하는 세속적 사랑에 불과하다. 언젠가는 섭섭함과 원망이 싹틀 수 있는 사랑이기 때문이다. 대가를 기대하지 않는 사랑은 섭섭함이나 원망과 증오를 유발하지 않는다. 여기 한 예를 들어보자.

대가를 기대하지 않고 상대에게 사랑을 베풀고 도움을 주었을 경우, 상대편에서 그에 대한 보답이 있으면 의외의 기쁨이 되고, 없으면 그만이다. 그러나 대가를 기대하면서 상대에게 사랑을 베풀고 도움을 주었을 경우, 상대로부터 보답이 있으면 만족해하고, 없으면 섭섭함이 일어나기 마련이다. 더 지나치면 원망이 생기고 증오심이 일어난다. 이때 두 가지를 두고 살펴보자. 기대하거나, 하지 않는다고 해서 그 보답이 오고 안 오는 것은 아니다. 그 결정은 이미 상대편의 손에 달려 있다. 이때 기대하지 않으면 그 결과가 기쁨이 될 수도 있고, 보답이 없다 해도 그것으로 그만이지만, 기대하면 그 결과가 만족이거나 반대로 원망이 되기도 한다는 점이다. 분명 현실적인 이익조차도 이미 기대하지 않는 쪽이 크다.

대부분 남녀 간의 사랑이 헌신적이라 하지만 알고 보면 철저한 거래 관계이다. 베풀어 준 사랑에 대한 응답이 없거나 불충분하면 반드시 원망의 마음을 일으키기 때문이다. 소유욕에 기준을 두면 무엇이든 적게 베풀고 많이 얻으려 하기 때문에 어느 한쪽이 손해보는 감정을 갖게 마련이다. 그런 상태로의 사랑은 한계가 있는 상대적인 사랑이며 진정한 사랑이 아니다.

아낌없이 베풂으로써 얻어지는 기쁨만이 영원한 사랑이다. 또 대가를 기대하면 그만큼 종속적인 삶의 태도가 된다. 상대의 태도에 따라 희비가 교차되는 삶, 그것은 주체적인 삶의 태도가 아니다. 자기를 잘 다스리려면 자신의 욕망도 잘 다스릴 수 있어야 하지만, 외부에 거는 기대를 두지 않아야 자신을 잘 다스릴 수 있다. 무주상보시는 앞에서 설명한 자비의 마음과 같이 불교사상의 꽃이다. 무주상보시의 공덕은 먼 미래에만 한량없는 것이 아니라 현실에 당장 큰 이익을 준다. 모든 보시는 마땅히 이 무주상보시로 이루어져야 할 것이다.

보시의 종류에는 어떤 것이 있는가?

가장 중요한 것은 법보시(法布施)이니, 진리를 이웃에 전파하는 베풂, 그 실천을 가리킨다. 올바른 삶과 진실을 내 이웃에 전파하여 그들이 올바른 삶을 살아갈 수 있도록 인도하는 것이 보시 중에서도 가장 큰 보시이다. 금강경에 법보시는 삼천대천세계에 칠보로 가득 채워 보시하는 것보다 공덕이 크다고 했다.

다음으로 우리가 일반적으로 하는 재보시(財布施)가 있다. 재물을 가난한 이웃에 나누어 주는 것을 말한다. 이 재보시도 법보시를 할 수 있도록 하는 재보시라야 공덕이 더욱 크다.

사찰을 짓는 것도 법을 펴기 위해서 짓는 것이라야 보시의 공덕이 있는 것이다. 많은 사람이 힘들여서 돈을 벌어 정성껏 보시한 것으로 산신각, 칠성각, 일주문을 짓는 데 수십억을 들이고, 휘황찬란한 법당을 꾸미느라 많은 재화를 사용하는 것은 일생을 걸식하며 길에서 살다 가신 부처님의 삶과 가르침에 어긋난다. 그것은 보시가 아니다. 보다 더 필요한 인재의 양성, 청소년 교육 등에 보시해야 하며 굶주리는 가난한 중생에게 회향될 수 있는 보시가 될 때 공덕이 큰 것이다. 보시는 많은 돈을 내놓는 데 의의가 있는 것이 아니라, 필요한 만큼 하는 데 뜻이 있다. 불법을 배우고 불법을 펴기 위해서는 사원이 필요하고, 사원을 유지하기 위해서는 신자의 보시가 당연히 있어야 한다. 나아가 그 보시금은 반드시 사회로 환원되어 일체 중생에게 회향해야 한다.

또한 무외시(無畏施)가 있으니 내 이웃이 겪는 고통을 위로하고 공포를 없애주며, 사랑으로 따뜻이 감싸주는 것을 말한다. 길 잃은 사람에게 길을 안내해 주고 환자를 간호해 주며, 괴로워하는 친구를 위로해 주고 넘어진 자를 일으켜 주며 좋은 상품을 만들어 백성을 이롭게 하고 선정을 베풀어 편안히 살게 하는 것 등 법보시와 재보시를 제외한 일체의 보시를 가리켜 무외시라 말한다.

"보시는 탐욕을 끊는 첫째 바라밀이니, 나의 죄업과 고통과 장애를 없애고, 진정한 소원을 성취하는 길은 아낌없이 베풂으로써 선근공덕을 쌓는 길입니다.

보시는 위로는 부처님께 올리는 공양이고 아래로는 일체중생의 은혜에 보답하는 길이며 삼보를 수호하는 불자의 의무이기도 합니다."

신자가 되는 길

여러 이름의 강이 있으나

그 강들이 바다에 이르고 나면

그 전의 이름은 모두 없어지고 오직 바다라고만 일컬어진다

그와 마찬가지로

귀족, 정치가, 군인, 노동자, 농민, 천민 등

모든 계급도

일단 법과 율을 따라 발심하고 나면

예전의 계급 대신

오직 중(衆)이라 불린다

《중일아함경》

수계(受戒)

입문과정

절대 무차별의 입문

어느 날 석가모니께서 제자 아난다를 데리고 사위성의 거리를 걷고 계실 때 한 남자가 인분이 가득 찬 똥통을 메고 다가오고 있었다. 이 사람은 니이다이라는 거리의 천한 똥군인데 부처님께서 가까이 오시는 것을 보자, 놀랍고 송구하여 옆으로 길을 비키려 하였다. 너 무 급하게 서둘다가 똥통이 그만 벽에 부딪쳐 깨지고 더러운 분뇨 가 사방으로 튀면서 부처님의 몸까지 더럽히고 말았다.

"세존이시여, 참으로 죄송합니다."

니이다이는 인분이 흥건한 땅바닥에 주저앉아 사죄하였다.

부처님께서 곧 말씀하셨다.

"니이다이, 어서 일어나거라. 내 손을 잡아라."

니이다이가 황망하여 주저하자, 부처님은 그의 손을 잡아 일으켜 세우셨다.

"어서 오너라 벗이여! 나와 함께 저 강물로 가자."

"저같이 천한 자가 어찌 세존과 함께 가오리까?"

"염려 말아라, 니이다이. 나의 법은 청정한 물이니라. 너의 더러움을 씻어 능히 깨끗이 하리라. 나의 법은 바다와 같은지라, 일체를 받아들여 일체를 더러움에서 해탈케 하나니, 빈부귀천이 나의 법 안에서는 모두 하나이니라. 어찌 그 종족과 계급을 상관하겠느냐."

부처님께서는 니이다이를 강물로 데리고 가서 손수 깨끗이 씻기셨다.

니이다이는 부처님 앞에 엎드려 눈물을 흘리며 감사하며 제자 되기를 청하였다.

"거룩하셔라 세존이시여, 거룩하셔라 세존이시여. 마치 넘어진 자를 일으켜 세우시듯, 덮인 것을 벗겨 주시듯, 길 잃은 자에게 길을 가리켜 주시듯 또는 '눈 있는 자는 와서 보라' 하고 어둔 방에 등불을 밝히듯이, 세존께서는 여러 가지 방법으로 법을 밝히셨습니다.

저는 이제 부처님께 귀의합니다.

저는 이제 부처님 법에 귀의합니다.

저는 이제 부처님 곁에 출가하여 구족계를 받기 원합니다."

〈불본행집경〉

부처님의 가르침을 따르는 데는 그 어떤 조건과 제약도 있을 수 없다. 인종이나 출신 성분, 남녀노소나 빈부귀천, 학벌이나 지위 고하에 관계없이 누구에게나 평등하게 개방되어 있다. 세상에는 많은 강물이 있지만 바다에 도착하면 하나의 대해가 되듯이, 부처님의 가르침 속에서는 세속의 서로 다른 차별은 모두 없어져 버린다. 그렇기 때문에 어떤 조건을 내걸고 불교신자가 되는 것이 아니다.

불법은 무조건적으로 중생에게 베풀어져야 한다. 불교가 마치 일부 특정인의 전유물인 양 인식되는 것은 큰 잘못이다. 세속의 학벌이나 형벌에 영향받는 것 또한 잘못이다. 세상의 선악을 근본적으로 부정하기 때문에 세상의 가치에 좇아 불법을 규정해서는 안 된다. 오직 부처님의 가르침에 합당한가 아닌가만이 판단의 기준이 될 뿐이다.

그런데도 불구하고 입문 과정에 일정한 단계를 설정한 것은 무엇 때문인가? 그것은 세속의 차별과는 종류를 달리하며 다만 올바른 수행을 하기 위해 설정된 단계를 의미한다. 불평등한 차별의 단계가 아니라 평등한 구조 속에 일정한 단계들을 설정한 것이다.

입문 교육

처음 입문하면 입문자 과정의 교육을 받는다. 교육이란 세속에서와 같이 길들이기가 아니라 불교 가르침의 근본과 특징이 무엇인지를 배우는 것이다. 세속에서와 같이 왜 불교를 믿지 않으면 안 되는가, 왜 모여서 법회를 보아야 하는가를 구체적으로 이해하지 않고 '남이 장에 가니까 나도 거름 지고 장에 간다'는 식으로 종교를 믿어서는 안 된다.

불교가 또 하나의 종교적 허상이 되지 않기 위해서는 불교의 바른 가르침이 무엇인지를 알아야 한다. 이 책의 내용이 주로 입문자 과정에 속한다. 삶의 목표가 설정되고 거기에 도달하는 기준 즉 가치가 설정되며, 그곳에 도달하기 위한 나의 노력이 다름 아닌 신앙생활인 것이다.

이런 과정을 나 혼자만 가는 것이 아니기 때문에 함께 가는 사람들과의 공동체가 형성되고 공동체 생활을 위해서 필요한 의무와 책임, 권한이 부여된다. 그리고 그 속에서의 예절과 생활방법을 익히게 되는 것이다. 이 과정을 거친 후 불교 신자가 되겠다는 자기 확신이 설 때 수계식을 거쳐 불교 신자가 된다.

신자가 되는 길

수계의 뜻

수계란 '계를 수지한다' '계를 받는다'는 뜻이다. 계란 이미 설명했듯이 올바른 삶의 가치 기준을 말한다. 거짓 가치를 버리고 올바른 가치를 구현하는 삶을 살겠다는 서약이 수계이다. 나 혼자만의 결심이 아니라 만인에게 공포함으로써 같은 가치관을 갖고 사는 사람들에게 동참을 선언하는 것이 수계식이다.

수계는 육신을 바꾸지 않고 다시 태어나는 것이다. 세상에서 이리저리 방황하다 이제 불법을 만나 올바른 삶을 살아가겠다는 거룩한 맹세인 것이다. 수계를 해야만 포살과 자자에 참여할 수 있다. 수계는 한마디로 다시 태어남, 신생(新生)이다.

신도수계의 유래

부처님이 성도하신 후 바라나시의 녹야원에서 다섯 비구를 귀의시키신 후 장자의 아들 야사도 출가하였다.

야사의 부모는 집을 나간 외아들이 돌아오지 않자 걱정하였다. 그의 아버지는 여러 곳으로 그를 찾아다니던 끝에 부처님의 처소에까지 찾아가게 되었다. 부처님은 그를 위해 여러 가지 방편으로 설법을 하셨다. 야사의 아버지는 그 자리에서 마음이 열려 신도가 되기를 원했다. 부처님은 그를 위해 삼귀의와 오계를 차례대로 말씀하셨다.

진리를 깨달으신 부처님께 의지합니다.

Buddham saranam gacchami

올바른 가르침에 의지합니다.

Dhammam saranam gacchami

가르침을 수행하는 승단에 귀의합니다.

Sangham saranam gacchami

이와 같이 삼귀의를 외우게 한 다음 오계를 일러 주었다.

"첫째 산목숨을 죽이지 마시오.

둘째 주지 않는 것을 갖지 마시오.

셋째 삿된 음행을 범하지 마시오.

넷째 거짓말을 하지 마시오.

다섯째 술을 먹지 마시오."

부처님이 야사의 아버지에게 "지킬 수 있습니까?"를 물으시니 야사의 아버지는 "이 목숨이 다할 때까지 지키겠습니다." 하고 맹세했다. 이렇게 해서 야사의 아버지는 부처님의 가르침 아래서 맨 처음으로 삼귀의와 오계를 받은 신도가 되었다.

〈우바새 오계 삼계〉

신자가 되는 과정

사부대중이란 교단의 구성원인 비구 비구니 우바새 우바이를 말한다. 이때 수계하지 않은 사람은 사부대중이 아니며 승단의 구성원이 될 수도 없다. 수계함으로써 승단의 일원이 되고 그에 따른 권리와 책임이 주어지는 것이다. 여기서는 수계의 세 가지 단계를 간략히 설명하고자 한다.

첫째가 삼귀의계이다. 입문자 교육을 마치고 부처님의 제자가 되겠다고 맹세한 사람에게 삼귀의계가 수계된다. 삶의 목적을 부처 되는 데 두고 불타의 원력에 의해서만 구원받을 수 있음을 믿으며 석가모니 부처님의 삶을 닮아 가겠다는 각오를 한다. 더불어 법에 귀의하고 승에 귀의하겠다고 서약한다. 삼귀의계를 받은 사람을 불자라 부르며 이는 부처님의 가르침을 따르는 제자란 뜻과 부처가 되고자 하는 사람, 즉 부처의 아들이란 뜻이 함께 포함되어 있다. 매주 법회에 참석해서 부처님의 가르침을 배워야 하며 일정액의 삼보수호비와 매 법회 때 보시금을 낸다.

둘째, 삼귀의계를 수계한 후 3개월 이상 법회에 참석하고 신자로서의 책임을 다하면 불교 기초교리 교육을 받을 수 있다.

불교 기초 교리 내용은
① 부처님의 일생
② 불교의 근본 교리
③ 불교 변천사
등을 배운다. 이 교육이 끝나면 실제 수행법으로, 기도와 참선을 실습하게 되고 그 과정을 거쳐 오계를 수계하게 된다.

오계를 수계한다는 것은 오계의 가치를 지키며 살겠다는 맹세이므로 완전히 불교의 가치관으로 살아가겠다는 다짐을 하는 것이다. 이는 육신을 바꾸시 않고 다시 태어나는 것이므로 오계를 수계할 때는 법명을 받는다. 그리고 영원한 진리의 동지이기 때문에 오계 수계자는 서로를 법우(法友)라 부른다. 신자카드는 평생 보관되며 승단에서 파문당하지 않는 이상 어떤 경우에도 승단으로부터 보호받는다. 그것은 영원한 도반이기 때문이다. 오계를 수계한 신자는 일정액의 삼보수호비와 보시금 외에 일정 시간을 대중을 위해 봉사하는 보살행을 해야 한다. 그리고 포교의 의무가 주어지며, 교단의 운영에 참여한다.

셋째, 보살계이다. 이것은 신자로서는 최고 법계이다. 세속에 살면서 완전히 출가 수행승 못지않게 수행하는 사람에게 주어지는 계행이고, 그 수계자를 거사, 보살이라 부른다. 오계를 수계한 후 2년 이상 법우의 책임을 다한 후 승단이 정하는 경전의 공부와 수행과 봉사활동을 거친 다음, 세속에 살고 있으나 진실한 수행자로 살아갈 수 있다고 인정될 때 보살계를 수계한다. 수계하면 단위 사찰의 실제 책임자가 되고 교단 운영의 책임과 권리를 동시에 갖는다. 거사와 보살의 의무는 재정적 의무뿐만 아니라 사찰을 유지 발전시키는 문제, 포교와 교육 등 광범위한 교단의 일을 책임져야 한다. 일정 시간씩 안거를 하면서 수행을 꾸준히 하며 많은 시간을 보살행에 바쳐야 한다.

신자의 의무와 권리

다섯 가지 의무

1. 부처님의 가르침을 따라 항상 진리를 추구하는 구도자가 되어 지혜를 증득하겠습니다.

배우려 하고 탐구하는 자세를 가져야 한다. 이것을 하지 않으면 맹신자가 되기 쉽다. 이 상구보리(上求菩提)의 정신이 신자의 첫째 의무인 것이다.

2. 부처님의 가르침을 내 이웃에 전파하여 모두 함께 구원받도록 하겠습니다.

올바른 가치의 구현은 혼자만 믿는 데 있는 것이 아니다. 내 이웃에게 선파하여 함께 기쁨을 나눌 수 있어야 한다. 하화중생(下化衆生)의 정신이 신자의 둘째 의무이다.

3. 부처님의 가르침인 삼귀의·오계가 가장 올바른 삶의 길임을 믿기에 목숨이 다하도록 지키겠습니다.

부처님의 가르침에 대한 확신과 그 실천을 말한다. 내가 실천할 때 이웃이 따르고, 바른길은 그것이 나를 기쁨으로 인도하기 때문에 어떤 어려움이 있더라도 이겨내야 한다.

4. 중생의 귀의처인 승단을 잘 수호하기 위하여 보시하고, 봉사하고 보호하겠습니다.

승단은 앞의 세 가지를 실현시키는 모임이므로 잘 수호해야 한다. 경제적으로 돕고 노동력으로 봉사하며 위협이 올 때는 목숨을 걸고 보호해야 한다.

5. 매주 법회에 참석하여 기도하며 겸허한 자세로 배우겠습니다.

위 네 가지를 실제로 실천할 수 있는 것은 법회에 참석했을 때 가능하므로 자신의 잘못을 반성하고 원력을 키우기 위해서는 법회에 참석해야 한다.

중생에게 돌려줍니다

이는 신자의 의무이고 또한 권리이기도 하다. 배울 권리와 포교할 권리는 물론이고 승단의 일원으로서 보호받을 권리가 있으며 일체의 운영에 참여할 수 있다.

승단의 주인은 신자이다. 승려는 신자를 위해 존재한다. 뭇 중생의 구제를 위해 불교가 필요하다면 교단의 지도부는 승려를 위해, 승려는 신도를 위해, 신도는 불교를 믿지 않는 많은 대중을 위해 존재할 필요가 있다.

일체의 수행과 법회, 승단과 사원이 중생의 이익을 위해, 중생에게로 회향될 때만 불교가 이 땅에 있어야 할 명분과 이유가 있다. 불국토가 불교라는 언어와 문자에 의해 이룩되는 것이 아니라 일체중생이 안락하게 사는 국토가 불국토인 것이다. 신자의 의무 역시 바로 이를 위해 존재함을 잊어서는 안 되겠다.

사찰 예식

예불(禮佛)

계향 정향 혜향 해탈향 해탈지견향
戒香 定香 慧香 解脫香 解脫知見香

계(戒)를 지켜 행을 깨끗이 하고, 마음을 안정시켜 망념을 없애고,

무명을 타파하여 지혜를 얻고,

일체의 구속으로부터 해탈을 얻어, 부처의 지견에 이르렀으니,

아, 우주의 주인이 된 이 기쁨이여, 이 향기여.

광명운대 주변법계 공양시방 무량 불·법·승
光明雲臺 周邊法界 供養十方 無量 佛·法·僧

참 마음의 깨끗한 향 살라 올리니 밝은 구름 온 누리 두루하여서

시방세계 가이 없는 삼보님 전에 빠짐없이 모두 공양하여지이다.

헌향진언 옴바아라 도비야 훔(세번)
獻香眞言 唵婆阿羅 度俾邪

지심귀명례 삼계도사 사생자부 시아본사 석가모니불
至心歸命禮 三界導師 四生慈父 是我本師 釋迦牟尼佛
삼계 모든 중생들의 길잡이시고 사생의 자비로운 어버이이신
우리 스승 석가모니 부처님께 목숨 바쳐 지심으로 절하옵니다.

지심귀명례 시방삼세 제망찰해 상주일체 불타야중
至心歸命禮 十方三世 帝網刹海 常住一切 佛陀邪衆
온누리 항상 계신 불보님께 목숨 바쳐 지심으로 절하옵니다.

지심귀명례 시방삼세 제망찰해 상주일체 달마야중
至心歸命禮 十方三世 帝網刹海 常住一切 達摩邪衆
온누리 항상 계신 법보님께 목숨 바쳐 지심으로 절하옵니다.

지심귀명례 대지문수사리보살 대행보현보살 대비관세음보살
至心歸命禮 大智文殊舍利菩薩 大行普賢菩薩 大悲觀世音菩薩
대원본존지장보살 마하살
大願本尊地藏菩薩 摩訶薩

지혜 크신 문수보살, 행이 크신 보현보살, 자비 크신 관음보살,
원력 크신 지장보살, 높은 성인께 목숨 바쳐 일심으로 절하옵니다.

지심귀명례 영산당시 수불부촉 십대제자 십육성 오백성 독수성
至心歸命禮 靈山當時 受佛附囑 十大弟子 十六聖 五百聖 獨修聖
내지천이백제대 아라한 무량자비성중
乃至千二百諸大 阿羅漢 無量慈悲聖衆
영산회상에서 부처님의 부촉을 받으신 모든 거룩한 제자 분들께
목숨 바쳐 지심으로 절하옵니다.

지심귀명례 서건동진 급아해동 역대전등 제대조사 천하종사
至心歸命禮 西乾東震 及我海東 歷代傳燈 諸大祖師 天下宗師
일체미진수 제대선지식
一切微塵數 諸大善知識
부처님의 뒤를 이어 진리 깨치사, 이 세상에 마음등 불 환히 밝히신
선지식 스님들과 바른 스승께, 목숨 바쳐 지심으로 절하옵니다.

지심귀명례 시방삼세 제망찰해 상주일체 승가야중
至心歸命禮 十方三世 帝網刹海 常住一切 僧伽邪衆
온누리 항상 계신 승보님께 목숨 바쳐 지심으로 절하옵니다.

유원 무진 삼보 대자대비 수아정례 명훈가피력

唯願 無盡 三寶 大慈大悲 受我頂禮 冥熏加被力

원공법계 제중생 자타일시 성불도

願共法界 諸衆生 自他一時 成佛道

바라옵나니 다함없는 삼보님이여

대자대비로 저희 절을 받으시옵고, 그윽한 가피의 힘 내리시어서

온누리 모든 중생 한날 한때에, 부처님의 위없는 도 이루어지이다

반야심경

대승경전의 핵심내용인 공(空)사상을 간단명료하게 밝힌 경전으로 사람들에게 가장 많이 알려져 있다. 부처님께서 사리자에게 대승보살인 관세음보살의 반야(지혜)에 대해 설명하고 있다.

마하반야바라밀다심경
摩訶般若波羅蜜多心經

마하는 크다(大), 많다(多), 초월하다(勝)의 뜻이고, 반야는 지혜, 깨달음의 뜻이며, 바라밀다는 저언덕에 이르다(到波岸)는 뜻이다. 심경은 핵심 되는 부처님의 말씀이란 뜻이다. 일체를 초월하는 지

혜로 피안에 도달하는 가장 핵심 되는 부처님의 말씀.

관자재보살 행심반야바라밀다시 조견 오온개공 도일체고액
觀自在菩薩 行深般若波羅蜜多時 照見 五蘊皆空 度一切苦厄

관자재보살(관세음보살)이 (삼계·사생·육도의 고통받는 중생을 구제하기 위하여) 깊은 반야바라밀을 수행할 때에 오온(물질적 현상, 감각 작용, 지각 작용, 의지적 작용, 식별 작용)이 모두 공함을 확연히 알고 이 모든 고통(4고, 8고)에서 벗어났느니라.

사리자 색불이공 공불이색 색즉시공 공즉시색 수상행식 역부여시
舍利子 色不異空 空不異色 色卽是空 空卽是色 受想行識 亦復如是

사리자여, 물질적 현상이 그 본질인 공과 다르지 않고, 공 또한 물질적 현상과 다르지 않으니, 물질적 현상이 곧 본질인 공이며, 공이 곧 물질적 현상이니라, 감각 작용, 지각 작용, 의지적 작용, 식별 작용도 다 공이니라.

사리자 시제법공상 불생불멸 불구부정 부증불감
舍利子 是諸法空相 不生不滅 不垢不淨 不增不減

사리자여, (이 모든 존재들이 외관상으로는 생겨나는 것 같기도 하고 없어지는 것 같기도 하고, 더러운 것 같기도 하고 깨끗한 것 같기도 하고 증가하는 것 같기도 하고 감소하는 것 같기도 하지만 이 모든 현상계 본질의 차원(관세음보살의 차원)에서는 생겨나는 일도 없고 없어지는 일도 없으며, 깨끗한 것도 없고, 더러운 것도 없으며, 감소하는 일도 없고, 증가하는 일도 없느니라.

시고 공중무색 무수상행식
是故 空中無色 無受想行識

(그러므로 사리자여) 이 현상계의 본질의 차원인 공의 입장에서는 물질적 현상도 없고, 감각 작용과 지각 작용 그리고 의지적 충동과 식별 작용도 없느니라.

무안이비설신의 무색성향미촉법 무안계 내지 무의식계
無眼耳鼻舌身意 無色聲香味觸法 無眼界 乃至 無意識界

(이 공의 세계에서는) 시각·청각·후각·미각·촉각·사유 작용 등 감각 작용도 없고, 빛깔과 형상·소리·냄새·맛·감촉·비감각적 대상인 원리 등 객관 대상도 없으며, 시각의 영역도(청각의 영역, 후각의 영역, 미각의 영역, 촉각의 영역) 사유의 영역 등 주관 작용도 없느니라.

무무명 역무무명진 내지 무노사 역무노사진
無無明 亦無無明盡 乃至 無老死 亦無老死盡

(이 공의 세계에서는) 무명도 없고, 무명의 소멸도 없으며(행, 식, 명색, 육입, 촉, 수, 애, 취, 유, 생도 없고 그 소멸도 없으며) 늙고 죽음이 없고, 늙고 죽음의 소멸도 없느니라.

무고집멸도 무지역무득 이무소득고
無苦集滅道 無智亦無得 以無所得故

(이 공의 세계에서는) 고통도 없고, 고통의 원인도 없고, 그 원인
의 소멸도 없고 그 고통의 소멸에 이르는 수행 방법도 없느니라.
(그러므로 이 공의 세계에서는) 깨달음도 없고, 깨달음을 얻은 것
도 없고, 깨달음을 얻지 못한 것도 없느니라.

보리살타 의반야바라밀다 고심무가애 무가애고 무유공포
菩提薩陀 依般若波羅蜜多 故心無罣碍 無罣碍故 無有恐怖
원리전도몽상 구경열반
遠離顚倒夢想 究竟涅槃

(그러므로 사리자여) 보리살타는 반야바라밀다에 의지하므로 마
음에 걸림이 없고 마음에 걸림이 없으므로 두려움이 없느니라.
(보살은) 뒤바뀐 잘못된 생각을 멀리 떠나 마침내는 열반에 이르
렀느니라.

삼세제불 의반야바라밀다 고득 아뇩다라 삼먁삼보리
三世諸佛 依般若波羅蜜多 故得 阿耨多羅 三邈三菩提
과거, 현재, 미래의 모든 부처님도 이 반야바라밀다에 의지하여
최상의 깨달음인 아뇩다라 삼먁삼보리(완전한 깨달음)를 얻었느
니라.

고지반야바라밀다 시대신주 시대명주 시무상주 시무등등주
故知般若波羅蜜多 是大神呪 是大明呪 是無上呪 是無等等呪
그러므로, 이 반야바라밀다는 이 큰 신비한 주문이며, 큰 밝은 주
문이며, 큰 최상의 주문이며, 이 얼마나 비교할 수 없이 뛰어난 주
문인가를 알아야 하느니라.

능제일체고 진실불허 고설 반야바라밀다주 즉설주왈
能除一切苦 眞實不虛 故說 般若波羅蜜多呪 卽設呪曰
이 반야바라밀다의 주문은 능히 일체의 고액을 소멸시키며 진실
하여 거짓이 없나니, 그러므로(부처님께서) 말씀하시길 이 반야바
라밀다의 주문을 일러 가로되.

아제아제 바라아제 바라승아제 모지 사바하(3번)
揭諦揭諦 波羅揭諦 波羅僧揭諦 菩提 娑波訶
가자, 가자, 피안으로 가자, 우리 함께 피안으로 가자. 피안에 도달
하였네. 아, 깨달음이여 영원하라!

삼귀의

세상의 삿된 사상을 버리고
삼보전에 돌아와 의지하오니
우리의 정례를 받으소서

Buddham Saranam Gacchami   붓담 사라남 가차미

거룩한 부처님께 귀의합니다.
부처님만이 우리의 유일한 구원자이시며
부처님의 원력에 의해서만이
우리가 온갖 굴레로부터 해방될 수 있음을 믿으며
불세계는 우리가 이루고자 하는
삶의 최종 목적임을 굳게 믿습니다.

Dhammam Saranam Gacchami   담맘 사라남 가차미

진리의 가르침에 귀의합니다.
부처님의 가르침은 곧 진리임을 믿으며
우리 삶의 최고 가치임을 확신하며
불세계에 도달하는

최선의 방법임을 굳게 믿습니다.

Sangham Saranam Gacchami   상감 사라남 가차미

위대한 승단에 귀의합니다.
승가는 우리의 현실적 귀의처이며
중생을 구원할 원력을 가진 보살중이며
불세계에 도달하는 최선의 공동체임을 굳게 믿습니다.

오계

나 없는 세상에서 너희가 의지해야 할 곳은
오직 자신의 본성과 나의 가르침인 계뿐이니라
계를 스승으로 삼으라.

산목숨을 죽이지 말라

모든 생명은 존엄하고 평등하다는

부처님의 가르침을 받아 지키겠습니다.
출신 성분이나 직업에 관계없이
피부 빛깔이나 종족에 관계없이
신체 장애나 남녀에 관계없이
모든 인간은 인간답게 살아야 한다는
생명의 존엄성을 불자는 굳게 믿습니다.

도둑질을 하지 말라

성실하게 삶을 살아가라는
부처님의 가르침을 받아 지키겠습니다.
인간의 귀천은 그 행위에 의해서만 결정되므로
정당한 노동에 의하지 않고 소비하는 것은
중생의 노고를 도둑질하는 것이 되므로
성실한 삶을 살 때만이
삼륜이 청정한 보시행임을 불자는 굳게 믿습니다.

삿된 음행을 하지 말라

인간은 도구나 수단이 아니라 목적이라는

부처님의 가르침을 받아 지키겠습니다.
스스로 마음과 육신을 청정히 지킬 때만이
욕망으로 인해, 존엄한 인격이
노동의 도구나 성적 도구 전쟁의 도구로 전락되는 것을
막을 수 있음을 불자는 굳게 믿습니다.

거짓말을 하지 말라

항상 진실만을 추구하라는
부처님의 가르침을 받아 지키겠습니다.
자신의 작은 이익을 위하여
거짓으로 중생을 현혹해서는 안 되며
올바르게 살려는 끝없는 구도적 자세만이
일체의 거짓과 허상을 타파하고
진실을 볼 수 있음을 불자는 굳게 믿습니다.

술을 먹지 말라

맑고 안정된 소견을 가지라는
부처님의 가르침을 받아 지키겠습니다.

거짓 가치에 물들어
인간의 존엄성을 상실시키는
중독성 물질의 섭취나 거짓 문화를 즐기지 않는 것이
올바른 소견으로 살아가는 길임을 불자는 굳게 믿습니다.

격류를 건너는 뗏목과 같이
부처님의 가르침인 오계를 받아 지키어
청정한 삶을 살겠습니다.
거짓된 삶을 오래 살기 위하여
비굴하게 사느니보다는
하루를 살고 죽더라도
오계를 지키는 진실된 삶을 살겠습니다.